1919－2019

山西博物院建院 100 周年

山西博物院约读系列丛书

走近考古人

山西博物院 编著

科学出版社

北 京

图书在版编目（CIP）数据

走近考古人 / 山西博物院编著 . —北京：科学出版社，2019.9
（山西博物院约读系列丛书）
ISBN 978-7-03-061509-1

Ⅰ. ①走… Ⅱ. ①山… Ⅲ. ①考古工作—中国—文集
Ⅳ. ① K870.4-53

中国版本图书馆 CIP 数据核字（2019）第109874号

责任编辑：樊　鑫 / 责任校对：邹慧卿
责任印制：肖　兴 / 设计制作：金舵手世纪

科 学 出 版 社 出版
北京东黄城根北街16号
邮政编码：100717
http://www.sciencep.com

北京华联印刷有限公司 印刷
科学出版社发行　各地新华书店经销

*

2019年9月第 一 版　　开本：787×1092　1/16
2019年9月第一次印刷　　印张：16
字数：190 000
定价：108.00 元
（如有印装质量问题，我社负责调换）

《走近考古人》编委会

主　　任　　张元成

委　　员　　王晓明　　张春生　　张慧国　　李　平

主　　编　　李　平

编　　辑　　安放琪　　金佳悦　　成志芳

　　　　　　卢文雨　　温晓苗

序

　　山西位于黄土高原东部，这里表里山河，人文焕然，是中华民族的发祥地之一，被誉为"华夏文明的摇篮"。180万年前，古人类就在这里生息繁衍；距今4000多年的陶寺遗址，再现了唐尧文明的勃兴；晋侯墓地彰显着灿烂的三晋文化；魏晋南北朝时期，山西是民族大融合、中西方文化交流的重要舞台；此外，遍布全省的古建筑、雕塑、壁画、石刻等文物遗存，以及近现代红色革命遗迹，昭示出山西在中国历史文明的发展进程中的独特地位。

　　1919年，山西博物院的前身——山西教育图书博物馆在新文化运动的浪潮中应运而生。时光荏苒，历经百年风雨洗礼，山西博物院已成为全省最大的文物收藏、保护、研究的中心和展示山西历史文化的窗口，她始终秉承着向公众传播、普及历史、考古、艺术等知识，以传承中华民族优秀传统文化为己任，不忘初心，砥砺前行。

　　《约读》是山西博物院借助多媒体平台，以声音为记录和传播手段推出的一档原创性文物考古和博物馆知识普及栏目。通过考古学者和专家亲自讲述馆藏文物背后的故事，让公众在参观体验中获得新的认知和感受，以搭建起"物"与"人"、"古"与"今"的跨越时空的桥梁和纽带。该栏目自推出以来，受到业界和社会的广泛好评。栏目的策划、组织和实施，既体现了百年传承、初心不改的晋博精神，也见证了晋博人勇于创新、与时俱进的时代精神。

　　值山西博物院百年华诞之际，我们将《约读》栏目的阶段性成果结集出版，与公众一起分享《约读》中文博人心怀诗意的执着与追求。在此，我向为栏目付出智慧和辛劳的各位同事、向参与栏目录制的所有学者和专家致以衷心的感谢！展望未来，期待着与您相约走进博物馆，走进考古，共同守护我们的精神家园。

　　以此，作为新的出发。

山西博物院院长　张元成

2019 年 8 月

博物馆展品考古信息的发掘与利用

——"约读·晋魂"之"考古人系列"

李 平

　　"约读·晋魂"2016 年由山西博物院创立，公众服务部策划、实施的文化服务项目之一。其宗旨是利用新媒体传播技术，发挥多学科专家优势和学术优势，向公众解读"晋魂"基本陈列单元更多的背景知识和信息，以及某些重要展品背后鲜为人知的、观众可能感兴趣的故事，为公众提供更多的个性化文化服务项目，有助于深化了解山西博大精深的地域历史文明与丰富多彩的古代文化艺术。

　　"约读·晋魂"立项之初，根据"晋魂"基本陈列的内涵与特色，我们规划了考古、文化、艺术、科技四大主题。现将第一辑"考古人系列"的课题立意、策划思路、价值意义、项目实施、公众反响等概述如下，以期总结得失，集思广益，征集栏目意见和改进建议，进一步做好当代博物馆的公众文化服务工作。

一、"晋魂"基本陈列的历史脉络与考古学特色

　　山西是华夏文明的重要发祥地。远在 180 万年前，山西南部黄河岸边的西侯度一带就有了目前中国最早的古人类活动踪迹（图一）；至旧石器时代中期，北部的桑干河流域、中部南部的汾河流域、西部南部的黄河流域，已成为华北古人类的重要活动地区，许家窑文化与丁村文化成为这一时期最典型的代

图一　西侯度旧石器时代遗存

表；旧石器晚期文化几乎扩散到了山西全境，峙峪文化、柿子滩文化、下川文化等呈现了旧石器时代晚期过渡到新石器时代早期的文化先进性与多样性。山西名副其实地成为中国北方旧石器文化遗址及其文化分布最丰富的省份。

武乡石磨盘石磨棒的发现、翼城枣园遗存的发掘，填补了山西新石器时代早期文化的空白；以北撖、西阴村遗存为代表的庙底沟文化，确认了黄河中游晋陕豫交汇地带那个时代以"华（花）"为图腾的早期华夏族的核心地域；陶寺遗址考古发掘的城墙宫殿基址、大型贵族墓葬、观象台（图二）及圭尺、礼仪性质的玉石陶木器、朱书文字、铜器等，具备了"文明"时代的组合要素，并与文献中关于唐尧的记载高度契合，在中华文明起源研究中具有无可替代的重要地位。

图二　陶寺观象台

三千多年前，周成王分封叔虞于唐，授其"启以夏政，疆以戎索"，求同存异，宽厚包容，晋国得以在河汾之东方百里的晋西南一隅迅速崛起，成为周朝中

图三 曲沃晋侯墓地出土鸟尊

图四 北齐娄睿墓

国北方的中流砥柱，晋献公开疆拓土、晋文公称霸中原、赵韩魏鼎立战国，演绎了西周至秦统一以前晋文化八百年灿烂辉煌的历史。曲沃晋侯墓地（图三）、侯马新田古城、绛县倗国墓地、翼城霸国墓地、闻喜春秋墓地、太原春秋大墓、长治分水岭战国墓地等一系列重大考古发掘研究成果，填补了很多历史文献空白，并让晋与三晋的历史人物事件生动得有血有肉，历史发展脉络清晰得有头有序。

秦汉以后尤其是南北朝时期，山西是中原与北方、东方和西方多民族交流、融和、发展的重要历史舞台，特殊的地理环境与丰富的自然资源使其成为中国北方重要的文化枢纽和历代兵家必争之地。北魏平城、北齐晋阳都是那个时代北方的政治文化中心，繁荣景象堪称国际大都市，这一时期的历史文献记载得比较丰富，而以现今大同、太原为中心的石窟寺遗产与城

市考古的新发现和新的研究
成果，依然给我们展示了北
朝时期经济贸易、礼仪文化
的盛况和建筑艺术、音乐绘
画的壮丽，尤其是北魏司马
金龙、北齐娄睿（图四）与
徐显秀、隋朝虞弘等一些著
名历史人物墓葬的发现，为
这段历史提供了一批系统的、
罕见的高级别实物资料。

图五　古竹林寺佛造像

　　山西是早期佛教在中国
传播的重要地区，也是佛教自华北向中原本土化形成、发展的主
要通道。历史给山西留下了十分丰富的石窟寺、寺庙建筑遗产，
大量佛教题材的石刻、彩塑、壁画文物，构成了山西作为文物大
省最大的资源特色。另一方面，佛寺艺术考古也取得了令人瞩目
的成就，太原华塔村、五台佛光寺与古竹林寺（图五）、沁县南
涅水、榆社福祥寺、忻州西街村等先后出土了大量珍贵的石刻造
像，成为研究佛教造型装饰艺术、探索佛教影响和传播的重要文
物（物证）。

　　山西保存了目前中国所有的金元戏台，当今绝大多数的农
村都拥有不同历史时期的戏台，山西还是地方剧种保存最多的
省份，因此被誉为戏曲故乡

图六　砖雕戏台模型

或戏曲文化遗产的宝库。几
十年来，地下戏曲文物的考
古发掘与研究也见证了金元
时期山西南部，尤其是平阳
地区戏曲文化的繁荣。汾河
下游迄今已发现了十余座金
代仿木结构的砖雕戏台模型
（图六），结构与功能已很标
准完备，为元杂剧的繁荣奠

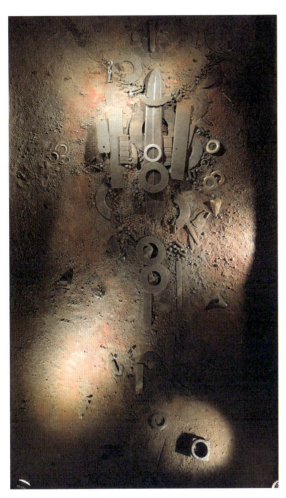

图七 "山川精英"展览

定了基础。与之相关的大量戏俑的发现与研究，中国传统戏剧旦、末、净等主要角色从此而定型。

山西自古就有经商和贸易的传统，明代晋商的崛起和清朝票号的诞生都是中国乃至世界金融贸易史上开拓性的壮举。因时代较晚，也就鲜有晋商的相关出土文物。

上述这些反映地域历史文化特色的文物资源、影响中华文明发展进程的重大历史事件和高度发达的精神文化与物质文化遗产构成了"晋魂"基本陈列的主题，确立了"文明摇篮""夏商踪迹""晋国霸业""民族熔炉""佛风遗韵""戏曲故乡""明清晋商"七个历史文化专题，"山川精英（玉器）""土木华章（古建）""瓷苑艺葩（瓷器）""翰墨丹青（书画）""方圆世界（钱币）"（图七）五个艺术专题。内容上突出了山西的历史文化亮点和山西独特的文物资源，形式上则以专题陈列替代了传统的通史陈列①。

我们做了"晋魂"基本陈列展品的分类统计：

在展文物总数	4455 件 /2500 件组
出土文物	3873 件
移交	5 件
征集	147 件
调拨	12 件
采集	9 件
拣选	340 件
捐赠	9 件

可以看出，考古出土类文物占了展品总数 85%，如果历史

专题的"明清晋商"与艺术专题的"翰墨丹青"不计在内，出土文物所占比例则高达96%，从而构成了山西博物院"晋魂"基本陈列鲜明的考古学特色。

山西的地质历史、地貌环境、气候条件、自然资源等，比较适合人类早期农耕文明的生存和繁衍；山西地域历史的古老性、演进的连续性以及它在中国历史大背景的战略核心地位，使它有可能留下丰富的历史文化遗产；中国传统的丧葬习俗和黄土稳定的化学物理结构，使地下遗产得到有效保存成为可能；考古工作者的学术责任、探索精神和田野技术保障等诸多条件与因素，增加了这些地下宝藏重见天日的更多机遇。这些综合因素促成了山西考古资源的战略优势。

鉴于中国地下文物的国有属性和考古机构的公立性质，考古发掘品成为中国综合类博物馆藏品的主要来源。绝大多数省级综合博物馆，无论其藏品或展品的比例，还是基本陈列的主题，都显示了浓郁的地方考古出土物为主题的历史文化展览模式，同时也是观众了解地方历史文化的重要途径。用博物馆语言讲述历史，考古发掘品扮演了无法替代的重要角色，山西博物院的"晋魂"基本陈列尤为典型。

二、"约读·晋魂"之"考古人系列"的课题立意与策划过程

考古学是考古工作者对考古调查、考古发掘所产生的遗迹和遗物进行的系统分析与研究，与古代人类环境气候、生活资源、行为信息、宗教信仰等密切相关的地貌、动物、植物、矿物、岩石、土壤、水源等自然遗物，也是考古学关注、记录、讨论的对象。考古学家依据这些系统的信息，可以解读古代先民适应不同环境的生活方式及某些重要事件的发生过程。完整的田野考古学项目包括了课题立项、学术规划、考古调查、考古勘察、考古发掘、考古记录、分析检测、遗存保护、遗存修复、分类研究、发掘报告、文物建档、价值评估、成果利用等②。

古往今来，人类对生命的起源，自身的来龙去脉，重大历史事件的复原，文化、艺术、技术未解之谜的破译，均有着与生俱来的好奇与兴趣。因此，考古学领域的新发现、新成果、新故事以及考古学家探索研究的过程，就成了博物馆基本陈列或临时展览长盛不衰的策展选题。

"晋魂"基本陈列内容，基本涵盖了山西境内历年来的重大考古发现和最新学术研究成果。一些重要的展区或展品，比如"文明摇篮"的西侯度文化、陶寺文明，"夏商踪迹"的方国文化，"晋国霸业"的晋侯墓地、赵卿大墓，"民族熔炉"的司马金龙、虞弘遗珍，"佛风遗韵"的华塔村石刻，"戏曲故乡"的侯马金代戏剧砖雕墓等均做了考古出土遗物的组合展示和重点解读，得到了观众的普遍肯定。讲解人员通过针对性的专业培训、学术性的文献查阅积累，全面认识和理解相关展品及所在遗址考古单元的基本信息，最大量储备展品的多学科研究成果，以应对不同层次观众的知识需求与现场提问。随着数字化、智慧化技术的引进与利用，增设了语音导览、二维码和触摸屏的展品知识延伸、多维图像与视频资料播放等查询服务项目。

如同一个人的诞生、成长经历，考古发掘品或博物馆展品，从它的发掘设计、发现探索过程、技术修复与保护、探索者的心路历程，到考古研究报告的正式发表、学术讨论争鸣、不同学科或视角的再研究新认识，背后往往会经历永无止境的学术过程，相关信息量也会不断地扩张和储备。如此说来，博物馆讲解人员需要有不断学习、积淀、研究的动态积累，提高自己对展品的认识水平，更好地为参观者服务。

为了给观众提供考古类文物展品更多有价值的知识信息，考古学家应该将博物馆教育内容纳入到自己的课题规划中，最大量地采集、记录与文物相关的田野第一手资料，以及它背后有趣的故事。博物馆人应该积极创造条件参与到考古项目的田野调查、发掘、保护、搬迁工作中，既可以深化考古资料的系统认识与理解，也能为未来的博物馆展览服务储备更多的可利用证据与信息，从而发挥好考古类展览的历史、文化、科学、艺术等系统教育功能。

经过二十多年博物馆讲解服务岗位的学习与实践，通过现场参观、考察一些考古发掘工地，倾听考古人讲述某一遗存或某件文物发现、思考、认识过程的题外话，以及多次与同事们讨论如何更多地收集藏品背后故事的相关话题。我们初步认识到此类所谓非主流信息的重要价值，博物馆人面临的困难，以及抢救性收集、选择性介绍这些具有史料价值信息的有效途径和方式。

"约读·晋魂"之"考古人系列"的课题立意随之而产生，并得到了领导、同事的热情鼓励和考古人的积极响应。本课题力求做到以下几点。

1. 选题明确，主题突出

紧紧围绕"晋魂"基本陈列的重要考古内容，通过考古项目发掘领队、考古研究课题主持人、子项目主持人的田野工作经历与课题学术成就，深度挖掘与展览单元、重要展品密切相关的当初田野考古立项、发掘、研究过程的价值信息，比如山西旧石器与贾兰坡的故事，李济与西阴村彩陶文化。

鉴于考古发掘报告严谨的专业性质与团队编写模式，那些

图八　何驽博士接受
　　采访

图九　孙庆伟教授接受
采访

过程化、个性化、日记性的价值信息往往不会详载于发掘研究报告，多散见于发掘者或见证人的科普论著、探索类节目、文化讲座和回忆录中。为此，我们明确了"约读·晋魂"内容的科学性、真实性、故事性、人性化的特色，让公众既能了解到"晋魂"展品背后的考古学价值信息，又能获得一些关于考古学田野工作的理论与方法，同时还能分享到考古人探索发现过程中艰辛而感人的亲历故事。

2.追崇科学，权威解读

为了维护博物馆文化高尚的社会教育责任和科学严谨的知识信誉，"约读·晋魂"课题组确定了"约"考古学家"读"考古人的语音传播模式。考虑到与"晋魂"基本陈列考古项目相关的著名考古学家，有些如李济、贾兰坡、邹衡、张颔等已经去世，有些年事已高而不宜劳累，约读人的邀请标准遂确定为相关考古项目的领队，或项目团队的主要参与者，或后续课题研究的主持人，或为该专业研究领域的知名专家学者。如陶寺遗址考古发掘项目领队何驽博士的《四千年前的"北京城"考古》（图八），第一代晋侯墓的发掘研究者孙庆伟教授的《三晋祥瑞　文明圣地——晋侯鸟尊发掘记》（图九），太原春秋大墓的主要参与者渠传福研究员的《赵卿墓发掘故事》，史前考古专家王晓毅教授的《中国现代考古之父李济与山西》。

3.合理设置，努力实施

根据新媒体传播技术的特点、单项约读内容所需要的基本信息量、公众对音频类文化节目收听的最佳接受时长等综合因素的分析，初步拟定了15～20分钟2500～3000字的约读标准。约读人根据所读内容提供适量的图片和重要的参考文献，供项目推送

图一〇　课题组成员

介绍及公众深入了解。约读人的音频资料采取走出去登门采集、请进来现场录制两种方式。

　　课题组安放琪、金佳悦、成志芳、卢文雨、温晓苗五位同事，团结一心，分工协作，以饱满的工作热情和对考古学家的崇敬之心，共同策划实施了这项课题（图一〇）。

　　2017年7月，"考古人系列"的项目成果陆续在山西博物院微信平台、官方微博、网站同步向公众发布、推送（图一一）。

图一一　山西博物院官方微博推送节目

三、考古约读人的人文情怀与学者风采

　　"考古人系列"先后邀请了石金鸣、尤玉柱、王益人、薛新民、王晓毅、何驽、海金乐、吉琨璋、张崇宁、谢尧亭、常一民、渠传福、张志忠、裴静蓉、赵曙光、宁立新、宋艳花、徐天进、孙庆伟等先生，就"晋魂"基本陈列涉及的重要考古发

掘展品，与公众分享了山西重大田野考古项目和考古研究成果引发的考古人的事迹，其中不乏感人深切的考古故事。

尤玉柱教授，著名地质古生物学家和史前考古学家，他的《史前考古埋藏学概论》是中国第一部考古埋藏学及其规律的著作。20 世纪 60 年代初他曾在中国科学院古脊椎动物与古人类研究所太原工作站工作过 5 年，田野考古足迹遍布华北；70 年代，他主持的小长梁遗址研究将中国历史提早到一百万年以前；他和贾兰坡、王择义先生共同研究了峙峪遗址的旧石器文化，并从动物考古学视角探讨了峙峪人猎获 200 余匹野马、野驴的行为信息，堪称动物考古研究史的经典案例。请尤先生约读《峙峪遗址的发现、发掘和研究》的采访录制工作是在北京进行的，83 岁高龄的老人竟然骑着自行车往返于工作现场，谈起半个多世纪以前的田野往事，眼神里依然流露出考古人的豪迈与风趣，录制工作顺利完成，尤先生即兴赋诗一首，寄予《约读》栏目更多的鼓励与厚望，《约读赞》："山川未老，莫怨客行早，悠悠远古曾经事，问君能知多少？三晋故道神游，峰岚层层环绕，欲解史前奥秘，牵手约读方晓。"

何驽博士接替考古前辈任陶寺遗址考古发掘领队已经十五个春秋了，在他的带领下，"尧都平阳"从传说渐渐走向信史，取得了中华文明探源工程的重大突破。其实早在 2005 年，在何驽博士的支持、指导下，"晋魂"基本陈列将尚未发掘完的"观象台"遗迹复原在"文明摇篮"展厅，成为中国博物馆考古成果展示利用最高效的案例。

采访何驽的约读工作是在陶寺遗址他的办公室进行的，他如数家珍般将陶寺的重要发现和学术突破娓娓道来，他十几年甘愿默默奉献给陶寺考古事业的情怀感动了我们的课题组同事。考古人有时会把生活过成匆忙的流水席，应付着在凌乱的办公室睡一觉，草草地准备一顿晚饭，匆忙地奔赴下一个考古工地。但他们却格外珍视每件文物，大到青铜器小到一颗牙齿，他们细细琢磨，乐在其中，把一件件细小的线索连缀成了恢宏的历史画卷。考古仿佛是一场无声的"恋爱"，没有诗词歌赋，也没有人生哲学,只有一道道未解的谜团,考古人却将这些史前时代的岁月,氤氲成了山水画,这何尝不是一种浪漫?

孙庆伟教授曾在山西博物院"考古的故事"展览开幕仪式上,讲述过他刚来曲村考古队实习时怎样从心灰意冷到重新迷恋上考古、涅槃重生的成长之路。他曾主持了曲村墓地被盗墓分子炸毁破坏的114号墓的发掘与研究,从扰乱的墓土里筛洗出一百多件青铜器碎片和碎渣,经过一年多的反复拼对和精心修补,他和他的团队终于复原了带有铭文的青铜鸟尊,这成为破解燮父墓历史密码的最关键证据。这件晋侯的祥瑞之器和国之瑰宝,在陪伴了晋国第一位晋侯长眠地下三千年之后,经孙庆伟老师等专家学者的坚守与努力而得以重见天日、再放异彩。现晋侯鸟尊已成为山西博物院的标志和镇馆之宝,我们在赞叹它优美生动的造型、华丽浪漫的装饰的时候,应该记着展品背后那些考古工作者常年驻守于田野的艰辛经历和不为常人所知的奉献精神,这就是"约读·晋魂"项目的初衷,让观众走进博物馆的同时,走进考古人的内心,分享他们的感动,激发民众的文化自信心和自豪感。

张颔先生是我国著名的古文字学家,他主持的侯马盟书研究,是春秋考古学与历史学领域的重大成果。同在山西省考古研究所工作的张崇宁研究员,介绍了其亲张颔勤奋刻苦、严谨治学的许多故事,以及他在诗书画方面的艺术成就。张颔很享受这种生活方式,虽然经历了很多的苦难坎坷,他曾诙谐地总结过自己的人生价值:"生在这个地球上,活到现在,感到没有白吃粮食,没有缺憾。"平淡的语言蕴含着人生的至高境界。

吉琨璋研究员在与曲村有约中介绍,1979~2002年,北京大学著名考古学家邹衡与李伯谦先后在曲村主持了二十余年的田野考古,有些春节都是在曲村度过的。渠传福研究员在约读娄睿墓发掘轶事时,为我们讲述了墓室超标含量的水银对考古人的健康危害,陶正刚先生的浓密黑发为此而脱落得稀疏见顶;徐天进教授在曲村考古杂忆中回忆1988年10月21日,他被突发的墓壁坍塌而掩埋,二十多分钟,被同学们疯狂般地

"挖掘"出来，经医院全力抢救而脱险，他曾感慨 1988 年是他的再生之年。三十年过去了，他依然辛勤耕耘于考古学、文化史、艺术史、博物馆学等研究领域，风轻云淡，无怨无悔。

山西省考古研究所侯马工作站成立于 1956 年，曾被誉为"中国考古第一站"。谢尧亭教授讲起 20 世纪畅文斋、杨富斗站长主持下在晋国考古、宋元考古的一系列重大突破。彭真、陶鲁笳、王冶秋、苏秉琦、黄景略、容庚、商承祚、于省吾等领导与著名专家陆续来指导过工作。这里可称为山西考古人才的摇篮，山西省考古研究所三代考古人几乎都有侯马工作站学习、培训、发掘、研究的经历，国内外均属罕见。

考古人讲考古人，被讲者故事感人，讲述者感情动人。

四、"约读·晋魂"的博物馆传播学价值

现代博物馆诞生并向公众开放不久，就有了博物馆展览文化和展品知识的传播，以平面纸媒印刷品为主的图书类出版与介绍，长盛不衰，至今依然是博物馆文化传播的主要方式，它是公众了解博物馆藏品或展品相关信息的重要途径之一。

20 世纪初，随着无线调频广播技术的应用，语言与音乐的音频广播走进了民众生活。而电视广播技术的发明和使用，声音与动态图像得以同步传播给人类以视听感受。广播电视媒体因为公共文化的需求而开始不同程度地关注博物馆文化，博物馆也注重通过现代化媒介技术传播自己的文化信息，社会责任和文化责任将二者紧密地连接起来，公众可以选择性收听或收看与博物馆收藏与展览相关的文化节目。

2010 年，不列颠博物馆（大英博物馆）馆长尼尔·麦格雷戈与英国广播公司（BBC）四台负责人马克·达马泽联合策划了《大英博物馆世界简史》，精选了大英博物馆收藏的代表人类数百万年文明史的 100 件文物，聘请了 500 余位专家参与了编撰。首先以广播的形式在 BBC 陆续播出，创下了上千万人同时收听的纪录，堪称博物馆文化无线音频广播传播的经典案例[③]。

　　电视的普及为博物馆文化传播提供了更大的发展空间，公众几乎每天都能收看到与博物馆藏品相关的探索与发现节目。如山西博物院曾与太原电视台合作，在《新闻快车》节目里请专家介绍即将展出的临时展览或特别展览，中央电视台策划的《国家宝藏》更是赢得了社会公众很高的关注度和收视率。

　　新媒体时代的到来，移动互联终端的普及，给博物馆人的文化传播服务提供了前所未有的良机，助推了信息时代的创新服务与文化传播。作为全国首批免费向公众开放的博物馆，2008 年以来，山西博物院逐步引进了多种新媒体形式，探索和实践在博物馆与公众之间搭建更便捷的网站、微博、微信等信息平台，让公众更多了解博物馆、走进博物馆。2010 年山西博物院新浪微博开通，成为国内最早开通微博平台的博物馆之一，让博物馆以更加新颖时尚、富有亲和力的姿态走进社会公众，架起了与观众沟通的文化桥梁。随之而兴起的微信风暴，更是迅捷地将博物馆与观众紧密地结合起来。观众走进博物馆，启动微信扫一扫、摇一摇，就能获得对应的语音讲解和相关图文视频资料。微博、微信的"粉丝"、"朋友圈"的转发传播方式，与以往电视、广播、图书、报纸、网站等静态的文物宣传展示相比，实现了几何级数量的裂变式快速传播，博物馆也赢得了公众更多关注、喜爱和参与。《约读》就是山西博物院新媒体信息化服务的创新项目之一，它很快成为山西博物院公众服务的文化品牌栏目。

　　"约读·晋魂"第一辑"考古人系列"策划了 24 期，依次为《贾兰坡的故事》《峙峪遗址的发现、发掘和研究》《王建与山西旧石器》《枣园农家》《中国现代考古之父李济与山西》《发掘陶寺：四千年前"北京城"考古》《垣曲商城考古和其背后的故事》《灵石旌介商墓考古及其有关故事》《与曲村有约——记考古学家邹衡先生》《与晋侯有约——记著名考古学家李伯谦教授》《闻喜上郭发掘》《侯马晋国遗址 70 年考古纪略》《虞弘墓的发现和研究》《家严颜公与盟书》《赵卿墓发掘轶事》《北魏宋绍祖墓发掘及其相关故事》《娄睿墓发掘轶闻》《徐显秀墓考古发现及点滴故事》《追忆杨富斗先生》《张畅耕、戴尊德与平朔考古》《右玉善家堡考古记事》《石金鸣的故事——寻访柿子滩人十八载》《曲村考古杂忆》《三晋祥瑞 文明圣物——晋侯鸟尊发掘记》。

"约读·晋魂"之"考古人系列"微博点击总量达 694005 次，微信点击总量 128119 次；单期最高的微博点击量为 139000 次，最高微信点击量 9346 次；我们无法统计转发的量次，几何级数量的增加也许是可能的（表一）。

表一　各期考古约读点击量分布

《约读》期号	点击量（次）			点击量占总点击量百分比（%）	《约读》期号	点击量（次）			点击量占总点击量百分比（%）
	微博	微信	小计			微博	微信	小计	
1	53000	7928	60928	7.41	13	139000	8522	147522	17.94
2	11000	4918	15918	1.94	15	71000	5266	76266	9.28
3	14000	4590	18590	2.26	16	11000	7564	18564	2.26
4	13000	4940	17940	2.18	18	73000	7448	80448	9.79
5	30000	4621	34621	4.21	19	13000	7536	20536	2.50
6	8276	7050	15326	1.86	21	15000	9346	24346	2.96
7	8729	3842	12571	1.53	22	20000	3872	23872	2.90
8	14000	4336	18336	2.23	23	13000	3242	16242	1.98
9	23000	4880	27880	3.39	24	10000	5257	15257	1.86
10	36000	6112	42112	5.12	25	50000	6532	56532	6.88
11	18000	5607	23607	2.87	合计	694005	128119	822124	100.00
12	50000	4710	54710	6.65					

注：其中第 14、17、20、26 期非考古系列未参与统计，第 27 期和第 28 期尚未推出也未参与统计。

《约读》栏目收集公众互动评论 512 条。绝大多数是对《约读》栏目的肯定、对考古学家与考古成就的赞誉以及对约读人的积极评价，共 443 条；提出各类建设性意见的有 46 条；相关考古项目问题咨询的 11 条；对相关考古工作提出批评的有 8 条；联系项目推广的 4 条，兹分类摘录如下。

"山西文明是华夏文明的缩影，是考古人辛勤努力的结果，查找史献和实物对照分析，让现代人更加了解了古山西人的文明才智及历史地位。"

"聆听考古者工作往事，感受文博人工匠精神！"

"每一位朗读者的地方口音让人感觉更真实，让他们更具亲和力。"

"听着，回想，真的是一种享受，人物不凡的经历，朗读者声音的厚重，让人回味无穷！致敬每一个考古人，也希望自己可以真正地踏入这一行！"

"山西博物院真好，自从我去参观回来以后，经常能收到发来的信息，我为有这样的博物院好朋友感到高兴，也为有这样的博物院感到我们祖国的文明有了继承和弘扬，点个赞。"

"不论是时代造英雄还是英雄造就时代，潜心钻研、用心研究的学术成果填补了业界的空白就是大师风范，是我们这个时代的英雄，也是历史记录者的英雄。向老前辈致敬。"

"如果没有你们的严谨思学和深度考究，历史的真伪也就无从考证，因为你们的努力，我们的教学才拥有了最为可靠的资料和辅正，没有考古界同仁们的支持，历史也就无谈科学，向最可爱、最可敬的文博、考古工作者们致敬！"

"考古人的坚持与坚守是为了什么？不仅仅是为了文物，更是为了最大程度地还原、解读历史，为了理清整个中华民族的文明脉络……感动。"

"张领先生说：来到地球上，没有白吃饭，白吃米面！多么高的精神境界！多么令人敬佩！"

"感谢渠传福老为我们讲述的不为多数人知的'小曲折'，向各位考古专家的'两袖清风，无怨无悔，坚持信念，只为真相'的精神致敬。"

"何驽教授感情与行动的融入让一个临汾人为之动容，无愧何教授为尧都人，古人的遗存与今日之文明结合，尽早开创尧都新世纪，将传奇为信史，为实现中华文明复兴而努力。"

"听过石院长的讲座，亲和细致，内容广博，钦佩之极。这次约读有了深层的了解，一位有多年考古工作经历的文博人，接地气，厚积是从躬身的探求中一点点叠加出来的！"

"去年在博物院听过王晓毅老师两次讲座，便喜欢上了这位年轻的考古学者的课程，思路清晰，声音干净。听了这次音频讲述，印象进一步加深。"

"最好能把每一个人类活动的时代年份表达清楚，使学习者易记。如山西旧石器的年份是公元前多少年，人类进入文明社会是公元前什么时候开始的。"

"建议山西电视台尽快系统拍摄纪录片，以弘扬山西文化，确定山西在此领域应有的地位，中华文明在山西。"

"建议把这些内容放到展厅中，或者导览中，让观众能更好地理解展览。"

"我是中国艺术研究院下属《中华文化画报》杂志的编辑，觉得咱们博物馆做的约读系列很好，如果能配合图片的话可以以文章形式在我们杂志发表。"

"中国考古很多的是为了出名，功利心态无所不在。建议尽量做保护性的考古，发现了别动，等待科技水平提高后再做挖掘研究。"

"我想知道为啥建筑单位要拿钱给你们，真不公平，就好像我家有宝贝，我不但要献给国家，还要花钱请人来挖出来。人家不舒服很正常，耽误人施工不说，还要贴钱。"

我们很欣慰公众对《约读》栏目和内容给予的充分肯定，很重视听众的批评意见与合理化建议，认真研究，积极改进，将未来《约读》栏目规划设计得更合理、更完美、更具吸引力。

"约读·晋魂"之"考古人系列"基本完成了课题组的设计目标，取得了预期效果。

《约读》栏目的创建与实施，拓宽了博物馆文化传播的时间与空间，公众可以不受限制地选择性了解山西博物院"晋魂"基本陈列藏品背后的价值信息——参观前对专题单元背景知识的必要性了解，参观中对展品文化附加值的体验和感受，参观后对文化产品的回味与思考。

《约读》的文化传播形式，拉近了学者与观众或公众之间的距离，营造了身临其境、家常聊天式的亲近氛围。约读人带着方言的语音，课题组料到可能会有些人听不懂，但又认为这恰是地域文化的特性，不仅不会影响效果，反而可能给人以真实性感觉和个性化的魅力。

《约读》栏目讲述内容的权威性与稀缺性，既是博物馆文化传播的特点与亮点，也是吸引诸多公众踊跃参与收听的主要因素。

课题组邀请的约读人，有些是考古项目的主持人和研究者，如薛新民与枣园遗址，何驽与陶寺遗址，孙庆伟与晋侯燮父墓，渠传福与赵卿墓，宁立新与善家堡遗址；有些是所讲考古项目的主要参与者，如宋艳花与柿子滩遗址，海金乐与垣曲商城，吉琨璋与晋侯墓地，张志忠与宋绍祖墓，常一民和虞弘墓；有些与被讲的考古学家有密切的师承关系，如石金鸣是贾兰坡的研究生，王益人与王建、张崇宁与张颔为子承父业的传承关系。约读人的专业背景和与被讲对象的特殊关系，决定了本期约读内容的真实性、可信度与权威性特色。

大型田野考古项目往往具有人员多、周期长的专业性质，调查、发掘、研究过程充满了考古人的艰辛历程与浪漫主义情怀，留下了许多山重水复疑无路、柳暗花明又一村的研究心路，以及台前幕后的感人故事，这些探索和励志的趣闻轶事往往不见于严谨的考古研究报告中，由此而决定了约读内容鲜为人知的性质，以及信息的稀缺与珍贵。这也可以说是"考古人系列"文化传播的资源特色。

"约读·晋魂"之"考古人系列"由山西博物院公众服务部实施，李平主持，温晓苗负责约稿和联络工作，卢文雨负责录音及音频剪辑，金佳悦、成志芳负责文稿审核、编辑和推送，安放琪负责项目的整体协调工作。本书根据约读老师们的录音稿整理而成，谨此为山西博物院百年华诞送上一份公众服务部的祝福。

课题实施过程中，有困惑有遗憾，更有心得有收获。我们将继续认真倾听、收集文博专家与观众的意见和建议，分析、总结第一辑《约读》之得失，学习、借鉴国内外博物馆、文化媒体机构好的做法和好的经验，力争将山西博物院"约读·晋魂"办得更好、更受公众喜爱,从而为讲好文物背后的故事、弘扬祖国优秀传统文化,做出我们博物馆人应有的贡献。

参 考 文 献

〔1〕 石金鸣:《山西博物院基本陈列和展览模式的思考》,《文物世界》2006 年第 3 期。

〔2〕 〔英〕科林·伦福儒著,陈淳译:《考古学:理论、方法与实践(第六版)》,上海古籍出版社,2015 年。

〔3〕 尼尔·麦格雷戈著,余燕译:《大英博物馆世界简史》,新星出版社,2014 年。

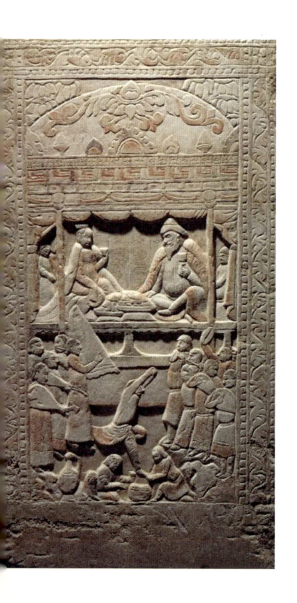

目 录

Content

贾兰坡的故事

石金鸣

有这样一群人……

一把铲子、一个刷子、一支铅笔就是他们的日常工具。他们寻找着岁月的蛛丝马迹，设想、还原、求证……

在他们的记录里，人类的脚步逐渐清晰而坚定，历史的面目不再模糊。而他们乐此不疲，终其一生。这就是考古学家。

在考古人的眼中，他们究竟如何饱有一个积极向上的灵魂？在考古路上他们又有着哪些不为人知的艰辛往事？

图一　贾兰坡

人类起源、农业起源、文明起源，这些涉及人类历史的重大事件，一直是公众关注的热点话题，也是古人类学家、考古学家长期考察研究的课题。山西博物院"晋魂"基本陈列的第一个专题是"文明摇篮"，展厅里旧石器时代早期文物，均出自一位科学家长期主持的考古发掘。他是20世纪中国著名的古人类学家和考古学家，也是山西旧石器时代考古学的开拓者和奠基人，作为山西人，或关心中国远古人类和文化的外地观众，都应该记住他的名字——贾兰坡（图一）。

1908年11月25日，贾兰坡出生在河北省玉田县邢家坞村，他七岁在村里的私塾念书，13岁跟随父亲到北平继续上学，直到从汇文大学校（今北京汇文中学）高中毕业，学习很优秀的他，却因为家里没有经济能力支持而中止了向往已久的大学之路。但是，年轻的贾兰坡并没有放弃他的理想和抱负，他的可支配时间大多数用在了图书馆里。他经常从家里带上两个馒头，就着图书馆的免费开水作为午餐，以节省下更多的读书时间。他如饥似渴地阅读与自然科学相关的书籍和杂志，并写下了大量的读书笔记和心得，这为他以后的科学研究事业打下了良好的基础。这也奠定了他一生自强不息，不迷信权威，勇于探索真理，献身科学的自学成才之路。

1931 年，贾兰坡以优异的成绩考入中国地质调查所新生代研究室，面试考官翁文灏曾对这位没有大学学历却有着丰富知识的小伙子格外欣赏。当年他就加入了周口店北京猿人遗址的考古发掘。起初贾兰坡给年轻的考古学家裴文中做助手，经常是白天一丝不苟地发掘、记录，管理民工，保管标本，晚上依然挑灯夜战，刻苦读书。在杨钟健、裴文中、步达生、德日进等中外著名科学家的指导下，他很快便掌握了田野考古学的理论、方法和技术，以及地质学、古脊椎动物与古人类学的基础知识。

1935 年，裴文中去了法国，攻读旧石器考古学权威步日耶教授的博士研究生，贾兰坡接替裴先生开始全面主持周口店遗址的考古发掘和研究工作。1936 年 11 月，周口店发现了 3 个北京猿人头盖骨化石，这一轰动世界的发现为人类起源与进化的研究提供了非常宝贵的材料。也是从这时候起，贾兰坡的考古足迹和科学视野，开始由周口店走向祖国的大江南北，走向了世界。贾兰坡的名字也开始高频率地出现在早期古人类学与史前考古学的研究领域，他成为中国科学院院士、美国科学院院士和享誉世界的考古学家（图二）。

周口店北京猿人化石、石器、用火遗迹的发现，将人类的历史追溯到 70 万年前，自发现之后的很长一段时期，北京猿人被认为是东亚最早的人类。直到 20 世纪 50 年代，有一位学者对这个普遍认同的权威观点提出了挑战，这个人就是贾兰坡。

贾兰坡对北京猿人的身体进化特征、管理火的能力、石器

图二 1954年丁村54：100地点发掘现场（前为裴文中，右为贾兰坡）

工具的技术，进行了长期、深入、系统地观察和研究。他认为北京猿人已处于人类演化到相当进步的一个阶段，他们的石器制作技术不但具有多种打制方法和加工技术，而且根据功能还可以细分为很多的工具类型。他认为这不应该是最早的人类和最初的原始工具，在此之前还应该有更加原始的人类和文化存在。于是，他和他的学生王建大胆提出了泥河湾期已有人类和文化的存在[①]。在没有任何考古新材料、新证据的支持下，做出这样的科学推断，需要多么渊博的知识、缜密的学术自信和追求真理的勇气。

科学与真理，只有理论推断是远远不够的，还需要大量的田野考古工作和实证材料。根据地貌学、地质学分析和古生物化石显示的线索，山西南部的黄河流域被列入贾兰坡及其团队解决这一学术课题的重要考察地区之一。

1957年，也就是贾兰坡《泥河湾期的地层才是最早人类的脚踏地》的论文发表当年，他便开始了山西的野外考察。两个年度的考古调查带来了振奋人心的好消息，在晋南黄河左岸、芮城县的匼河、西侯度一带，发现了十几处早期古生物化石地点和旧石器时代早期遗址。1960年开始，贾兰坡领导的联合考古队选择了既有人类石器也含动物化石的地点展开了正式的发掘，尤其对编号为西侯度6053的地点，匼河6054、6055的地点做了重点发掘，获得了一批丰富而珍贵的动物化石和石器。地质年代学、古生物地层学、石器技术定性分析、绝对年代的测试数据，一系列的科学证据终于让贾兰坡他们苦尽甘来，一

———————————

① "泥河湾期"，它是一个地质地层学术语，是更新世早期华北地区以河流湖泊为主要成因的地层，绝对年代距今300万至100万年。

图三　贾兰坡领导的联合考古队在西侯度 6053 地点发掘现场

步步地走近匼河遗址、西侯度遗址的历史真相（图三）。

　　1962 年，贾兰坡、王择义、王建出版了他们的研究专著《匼河——山西西南部旧石器时代初期文化遗址》，主要研究结论是：文化遗物埋藏在黄河的第二级台地，中更新世红色土下面的砾石层和泥灰岩中；动物化石有长着一对巨大门齿的剑齿象、披有长毛的犀牛、野马、野牛、水牛、野猪、肿骨鹿、扁角鹿、梅花鹿等；有原始人制作的砍斫器、刮削器、三棱大尖状器、小尖状器、石球等工具。综合分析的结果，匼河遗址的地质时代为中更新世早期或更早一些，也就是旧石器初期的早一阶段，重要的一点是它的时代早于周口店北京猿人遗址。对于中国旧石器考古学的研究历史，对于坚信比北京猿人时代更早人类文化存在的贾兰坡来说，这是一个里程碑式的重大发现（图四）。

　　前面说过距离匼河遗址不远，埋藏在更古老地层里的西侯度遗存，几乎在同一时期也进行了发掘。考古研究报告却经历了 16 年的漫长孕育，以及那场社会运动的洗礼。1978 年，贾兰坡和王建的《西侯度——山西更新世早期古文化遗址》著作问世，西侯度遗址 180 万年的古老年代震惊了考古界。"泥河湾期已有人类及其文化的存在"的科学预言，二十年后终于得以

图四　匼河遗址地貌

证实。我们不能排除重大考古的发现存在着可遇不可求的偶然因素，但幸运之神眷顾的一定是那些有准备、有作为的追求者。如此说来，贾兰坡先生就是勇于攀登科学高峰的幸运者。

西侯度遗址可以说是目前中国所发现的最早的古人类遗址，贾兰坡对32件石器标本的人工密码逐一进行了详细的描述和解读。这些看似与河滩里的石块没有多大区别的石制品，实际上蕴藏着许多早期人类宝贵的行为信息（图五）。

西侯度的石器技术兼有原始与进步的双重特色。宏观上观察，在制作技术和工具类型方面显得比较原始而古朴，但是从石器生产的全过程分析依然有一些进步的因素。因此，贾兰坡提出了一个更为大胆的观点：西侯度遗址的这些石器，从原料

图五　西侯度遗址地貌

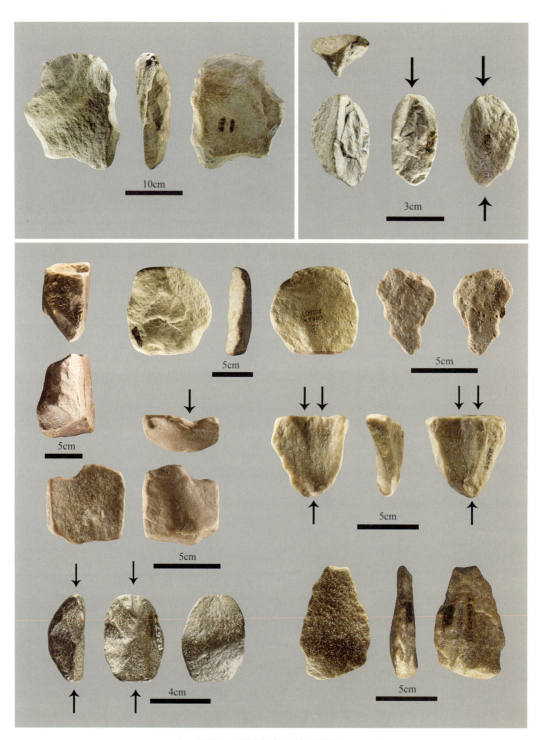

图六　西侯度出土的石制品

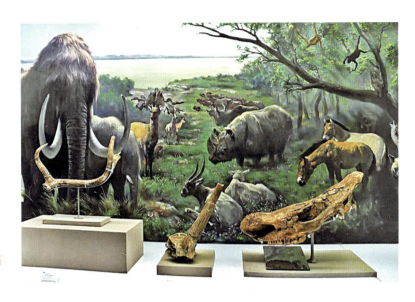

图七　西侯度动物化石
　　　和生态复原图

选择、制作技术、石器功能、工具分类等综合分析看，即使它
们已有 180 万年的历史，但仍然不是人类最原始的石器，人类
的"第一把石刀"，应该去更古老的地层中去寻找。让我们一起
期待吧，相信这激动人心的一天，离我们会越来越近（图六）。

西侯度遗址还出土了很多动物化石，属于大象、犀牛、四
不像鹿、羚羊、三趾马、野牛、野猪、鸵鸟、河狸等动物，贾
兰坡认为动物群的生活习性反映了当时那一带有森林、草原、
河流、湖泊，环境优美，资源丰富，气候温暖湿润，很适合人
类生存。有些动物骨头有烧烤和石器切割过的痕迹，可以想得
出，这些动物因为疏忽大意而一失足成千古恨，成为原始人的
猎物和美餐（图七）。

20 世纪 50 年代起，贾兰坡将他的学术研究重点从周口店转
移到山西，无论是田野发现或是综合研究，都取得了令世界瞩目
的成果，他推进了中国北方早期人类考古工作的蓬勃开展，同时
也奠定了山西近半个世纪中国旧石器时代考古学研究的中心地
位。他曾说过："根据山西省的发现就可以编制一张令人信服的
'华北古文化编年表'。"

贾兰坡在山西考古的系列成果表明，在人类诞生的前夜，
山西的确是个植被茂盛、动物众多、河湖交织、气候宜人的好

图八　石金鸣与导师贾兰坡

地方，联想到山西南部垣曲盆地 4000 多万年前世纪曙猿的发现，我们有理由相信，山西是探索东亚大陆人类起源最有希望的地区之一（图八）。

我和大家一样，期待着考古学家们发现更早的人类及其文化的好消息。同时也欢迎观众朋友们参观山西博物院时，来"文明摇篮"展厅，以崇敬之心对话贾兰坡的化石之谜和石器之美。

石金鸣

国务院特殊津贴专家，二级研究馆员，博士生导师。先后在山西大学、山西省考古研究所、山西博物院从事过考古教学、考古研究、博物馆研究等工作。现为中国考古学会旧石器考古专业委员会副主任、中国古脊椎动物学会副理事长。

1982 年从山西大学考古专业毕业并留校任教，从事旧石器考古学、体质人类学教学工作；曾师从贾兰坡院士攻读旧石器考古学研究生，获中国科学院古脊椎动物与古人类研究所理学硕士。主持或参与过汾河流域丁村旧石器遗址、晋西北张家山旧石器遗址、桑干河泥河湾遗址群、清水河柿子滩遗址群、法国陶塔维尔 Arago 洞穴遗址、法国尼斯 Lazaret 洞穴遗址等十余处旧石器时代遗址的发掘与研究。在《考古》《文物》《人类学学报》等刊物发表了数十篇旧石器及古人类学论著。

峙峪遗址的发现、
发掘和研究

尤玉柱

太阳照旧从黑驼山上升起，照在古铜色的脸庞上，一群乌发蓬松的"峙峪人"奔走在桑干河辽阔的草原上，他们打着呼哨，举起弓箭，将猎物——野马围困到陷坑中或利用地形将其逼入绝境。

夜幕降临，他们燃起篝火，分享着白天的战利品，火光映照中，有人默默地琢磨着石镞，准备来日的追逐……

他们不会想到，在2万多年之后，有一群考古人追逐着他们的印记，探寻尘封的秘密，在考古人的手记中，他们奔跑战斗的身影仿佛穿越万年跃然纸上，甚至还有了一个响亮的名字——"猎马人"！

峙峪旧石器时代晚期遗址，坐落在朔州市西北15千米黑驼山东北麓、峙峪河与小泉沟的交汇处，遗址从发现至今已有54个年头。

峙峪遗址，是一处十分宝贵的旧石器时代晚期遗址，它的重要性主要表现在：遗址出土物种类繁多、数量巨大，文化性质鲜明，石制品普遍细小、加工细致、类型复杂，因而在我国旧石器时代系列考古中占有特殊地位（图一）。

作为峙峪遗址从发现、发掘到研究全过程的参与者，许多往事我至今难以忘怀。

图一 峙峪遗址

20 世纪五六十年代，山西是我国古脊椎动物和旧石器考古研究走在前列的省份，尤其是丁村遗址发现之后，中国科学院古脊椎动物与古人类研究所决定在太原设立一个工作站，目的在于寻找和发掘山西及其周边地区的古脊椎动物化石、古人类和旧石器时代遗址。以太原工作站为中心，对陕西、河南、内蒙古、河北等相邻地区开展考察，发现了许多古脊椎动物化石、古人类与旧石器地点和遗址，为山西也为邻省地质部门所需的地层划分、古生态环境研究及考古做出较大贡献。

太原工作站坐落在南郊大营盘以西的菜园村，有单独的小院，占地 2000 多平方米，内有 3 排平房。根据需要工作人员常有变动，1958 年人数最多有 8 人，1963 年只有三人——主任王择义先生、技师武文杰和我，"文革"后工作站划归山西省考古研究所。王择义先生酷爱本门学科，虽是"半路出家"，但勤奋好学、吃苦耐劳，富有野外寻找经验；武文杰是周口店北京猿人遗址培养出来的高级技师，野外发掘和室内修理水平很高；我学地质出身，古脊椎动物化石和旧石器时代考古刚刚入门（图二）。

1963 年 3 月 20 日上午大约 9 点，我的师兄邬崇章先生到太原工作站找我，一阵寒暄过后，他从背包里拿出用绵纸捆得结结实实的几包东西摆在桌上，说是他带领西安矿业学院学生在雁北野外实习时，从一个叫峙峪村附近的河边采集到的。我大致看过标本后告诉他，这些是哺乳动物马、鹿、牛、犀的牙齿和骨骼化石，地质时代应是更新世晚期。在对面办公室工作的王择义先生，听到我们谈论化石便走了过来，逐一观察标本。他拿起其中一块骨骼说："骨骼上面有些是人工敲击的痕迹，表明这个地点曾经有过人类活动，地点非常好，很有希望。"送走了邬崇章先生之后，王择义先生立即让武文杰来到我的办公室，约定尽早前往峙峪化石地点进行野外调查。

1963年4月8日，清明节刚过，王择义先生、武文杰和我三人，简装出发，乘上开往大同的列车，迎着乍暖犹寒的阴霾天气抵达朔县（现朔州市），草草午饭过后，我们便直奔西北方向的峙峪村。从朔县城关到峙峪村虽仅有15千米，却无汽车相通，背上行李靠徒步足足走了3个多小时。峙峪村是一个很小的村庄，近百户人家，簇拥在一个黄土梁的陡坎下，整个村庄都是用土坯垒成的低矮房屋，屋顶和墙体被煤尘涂上一层灰黑色。这里的百姓主要依靠挖煤度日，凭着极其丰富的地下煤矿资源，平朔安太里煤矿后来成了我国最大的露天煤矿。峙峪村西南面是高高突起的吕梁山北支脉——由前寒武纪岩系组成的黑驼山，几股山泉流水汇成峙峪河，从村西绕向东北经晋北平原注入桑干河。

根据邬崇章先生提供草图上面标注的位置，我们很快就在峙峪河与小泉沟交汇处找到了化石的原生地点。地点所在是一个占地面积不足1000平方米的黄土峁，由河水冲刷出来的地层剖面十分清楚，层次分明。令人惊讶的是，剖面的靠下面位置暴露出一层厚约0.5米的黑灰色砂质黏土，它就是文化层。文化层中含有数量惊人的旧石器和哺乳动物化石。根据先前的约定，我们花费两天的时间，由王择义先生和武文杰专门采集不同种类的化石和不同类型的石器，以便室内分析之用，我则独自完成遗址与周围地质草图的绘制、地层划分以及地层时代的初步判断。就这样，一个十分理想的旧石器时代晚期遗址就被确定了下来。

从最初采集的标本看来，哺乳动物化石的种类多，数量大，这是一个属于我国华北地区典型的更新世晚期哺乳动物群。尤其令人兴奋的是，石制品器型普遍细小，和以往所知的丁村遗址、匼河遗址的器型差别较大。王择义先生对这次初步调查成果大加赞赏，并决定尽早对这个地点进行大规模发掘（图三）。

1963年5月9日，山西立夏后，处处阳光普照，是野外考察和发掘的大好时机。山西大学王向前老师和山西水文地质队5位地质工程师要求参加发掘。这样，发掘队一共9人便风风火火地直奔朔县峙峪村。抵达那里之后，我们下榻在一个小煤矿

图三 峙峪遗址出土石器

所提供的简陋平房里，并在矿上搭灶入伙，经过两天的准备，5月12日就正式发掘了。

遗址所在原本是一个长条形的黄土梁，属峙峪河的第二级阶地，但因小泉沟的发育使黄土梁受到强烈侵袭而形成独立的小丘，沟豁切割后暴露出的地层剖面长40余米、高28米，最底部露出二叠纪煤系，上面覆盖着晚更新世的堆积物，依次由砂砾石、灰黑色砂质黏土、砂和最顶部的马兰黄土所组成。在开始发掘时，我们不得不先将上面厚厚的马兰黄土和砂层剥去，任务繁重，工作辛苦。可喜的是，到了下面文化层，哺乳动物化石和旧石器竟然重重叠叠，一铲下去，少则几件，多则数十件，简直让我们目不暇接。

6月初的一天，大雨过后，峙峪河的河水突然猛涨，泥泞小道极难行走，我们只好绕道前往发掘现场。那天发掘到十点多钟时，武文杰刚刚清理完文化层表面积土，发现层中露出一块头骨破片，旁边挨着又是一块，他取出并小心翼翼地清除周围杂土，再用刷子把表面刷干净后，两块头骨片正好合二为一。他惊呆了，这是一件大致完整的人类的枕骨化石，即后来所称的"峙峪人"。后来根据对炭屑和哺乳动物骨骼所做的 ^{14}C 年代测定，"峙峪人"生活的年代为距今28300年前。

7月上旬野外发掘工作结束，虽然只有56天，但遗址所在的黄土峁东南角已被削去一大块，出土的材料除了一件人类枕骨化石外，旧石器计有20000多件；哺乳动物化石牙齿和骨骼数万件，种类20余种，另外还有大量的灰烬、烧石、烧骨等标本，

图四　峙峪出土马牙
化石

全部材料整整装了 50 多木箱。返回太原后我耗费了一个多月时间首先观察了其中比例最大的马类化石（包括普氏野马和蒙古野驴）10000 多个牙齿，并按照牙齿的不同位置分门别类进行统计，以最少个体数统计方法，我得出一个惊人的结论：峙峪遗址哺乳动物化石中，至少存在 128 匹普氏野马、88 头蒙古野驴。可以说，在我国的旧石器时代遗址中，从未见到过如此多的马类化石，所以我把"峙峪人"称之为黑驼山下"猎马人"，表明当时"峙峪人"在捕捉普氏野马和蒙古野驴方面有着高超的技巧（图四）。

鉴于峙峪遗址丰富的内涵和重要性，贾兰坡院士要求我们进一步核实遗址的地层层序、黄土成因、性质及其与周边的地质关系。为此，我于 1963 年 11 月，在武文杰的陪伴下再次到雁北地区进行了几星期的野外地质调查，跑遍了大同、左云、右玉、偏关、平鲁、河曲、保德、宁武、五寨、岢岚等十几个县，目睹了晋西北支离破碎的黄土高原，亲身体验了晋西北凛冽北风和满天飞舞的沙暴。工作过程中除找到一些新的旧石器地点和哺乳动物化石地点外，最终确定了峙峪遗址文化层和黄土的物质来源及地质年代。

峙峪遗址出土的旧石器主要是用脉石英、石英岩、燧石、硅质灰岩和火山岩等岩石制作的，石器主要类型有刮削器、尖

图五 峙峪遗址出土的
表面有刻划痕迹
的骨片

状器、斧形小石刀、石箭镞和锯齿刃器等。另有大量骨器、装饰品——钻孔石墨，以及1000多件有刻痕的骨片。从石器类型和风格几方面分析，制作技术水平相当高（图五）。

正当"文化大革命"期间，贾兰坡院士、盖培先生和我对峙峪遗址的全部材料进行较长时间的研究，完成了题为《山西峙峪旧石器时代晚期遗址发掘报告》一文，并在《考古学报》1972年第1期发表。那篇文章是在贾老指导下完成的，盖培先生负责执笔旧石器部分，我负责执笔地层、哺乳动物化石部分及制图。文中的观点和结论是3人共同研究的，最后由贾老定稿。在文章中，我们特别提出两个问题：一个是关于"中国细石器的起源问题"；另一个是关于"中国北方存在两个文化传统问题"。

关于细石器的起源：长期以来，史前考古工作者一直希望能有新的发现，以便解决我国北方新石器时代广泛分布的细石器的来源问题。要解决这个问题关键在于是否能够找到更新世晚期旧石器时代文化中具有细石器成分或萌芽的遗址。峙峪遗址文化层中的石器，不仅器型细小，加工精致，还有类似细石器中的锥形石核和扇形石核石器，多数石片具有长条状特点，年代为距今28300年前，是当时所知我国发现含有细石器成分年代最早的遗址，或者说峙峪遗址可能是细石器的源头。

关于两个文化系统问题：我国华北地区在旧石器时代至少存在有两个文化系统，一个是以周口店遗址和峙峪遗址为代表的小石器系统；另一个是以匼河遗址和丁村遗址为代表的大石器系统。顾名思义，小石器系统的工具组合小型化，小巧，加工精制；而大石器系统的工具组合较大型，加工相对粗糙。两个系统是在不同生态环境影响下形成的。小石器系统应是在相

图六　峙峪人狩猎图

对寒冷的气候条件下，人群过着以狩猎为主、采集为辅的经济活动和生活方式，具有较大的流动性；而大石器系统则反映在相对较好的气候条件下，人群过着以采集为主、狩猎为辅的经济活动和生活方式，具有相对稳定的活动范围（图六）。

　　从峙峪遗址发掘的现场分析，可以得出这样的结论："峙峪人"过着随季节性变化而迁徙的流动性生活。他们可能是夏、秋季节来到峙峪河与小泉沟交汇处的河岸边搭棚安家，在起伏的黄土塬、梁、峁上和辽阔的晋北平原追逐兽群，过着以狩猎为主、采集为辅的生活，天气转冷时向南迁移。从较厚的灰烬层可以确定，这种迁徙性的行为年复一年持续了相当长时间，从而堆积了大量遗弃物，所幸这些遗弃物后来被河水携带的泥沙和黄土覆盖起来，才能够无损地保存至今。

　　2003年夏，时隔40年，我有幸再次访问峙峪遗址，可惜以往的许多印记现场竟荡然无存。展现在眼前的，是崭新的楼宇和碧绿的田野，可谓"青山依旧，天却两重"！巨大的变化，让我真切地感受到那里已经富裕起来。我想，人们不会忘记这里还有一处珍贵的文化遗产——峙峪遗址。

作者介绍

尤玉柱

1936 年出生，福建省泉州人，国务院特殊津贴专家，曾任中国第四纪研究委员会委员、副秘书长，中国科学院古脊椎动物与古人类研究所研究员。1960 年毕业于北京地质学院普查找矿专业，长期从事第四纪地层学、古脊椎动物学和史前考古学研究，合作研究成果曾获国家自然科学三等奖、国家图书编辑二等奖、黑龙江社科一等奖。现为《化石》杂志主编、史前研究会理事、厦门大学和漳州师范学院兼职教授、北京自然博物馆特邀研究员。多次参加国际学术研究会议。

石金鸣的故事

——寻访柿子滩人十八载

宋艳花

记忆里，石老师带着学生们走进了考古的世界，他们在柿子滩遗址看到了时间深处的回想：也许是制作石器的铿锵声，也许是狩猎归来的欢呼声……在石老师的讲述里都幻化成了曼妙的生活图景。

他倾尽所学也关爱学生，在文博工作中尽心竭力，亲力亲为。师者，传道授业解惑。石老师为我们推开了一扇神奇的大门——这里串联着生命的过去、现在和未来。

图一　石金鸣

参观山西博物院无数次，每每都从基本陈列"文明摇篮"展厅开始，每每都会在"柿子滩遗址"的陈列前驻足良久……很少有人知道，这个遗址的调查和发掘工作，曾倾注和凝聚着山西博物院原院长石金鸣先生多年的辛劳和汗水（图一）。

柿子滩遗址位于山西省临汾市吉县境内，目前已经成为华北地区旧石器时代晚期细石器遗址的典型代表。该遗址于 1980 年发现并试掘，1986年，山西省人民政府公布其为省级文物保护单位。但是，鉴于当时旧石器考古工作的重点是建立旧石器考古学文化序列、发现更多史前遗址和了解当时遗址的分布状况，所以对柿子滩遗址并未进行更加深入的研究。

1999 年，柿子滩遗址迎来了转机：时任山西省考古研究所副所长的石金鸣先生开始了新的调查和发掘。作为石金鸣先生的第一个研究生，我开始加入到了遗址的发掘工作中，从此目睹了先生兢兢业业十余年的探索历程。2001 年，柿子滩遗址被国务院公布为第五批全国重点文物保护单位；2002 年，柿子滩遗址的发掘项目获评"2001 年度全国十大考古新发现"。2004 年，柿子滩遗址的发掘工作获得国家文物局"2001～2002 年度国家田野考古奖"三等奖。这在旧石器时代考古很少入围、一等奖多年空缺的当时，无疑给中国旧石器考古带来了新的希望和力量。也是在 2004 年，石金鸣先生被调任山西博物院筹备委员会。博物院进入筹备阶段后，他更是忙碌了，但是忙而不乱，他把事情安排得井井有条，一边是一座地标式现代博物院的陈展和运营，一边是没有节假日的野外田野工作。2010 年后，他更是一手打造出一个多国合作研究团队，让柿子滩遗址的研究走向世界……

一、考古探索与文化传承并重

石金鸣先生曾供职于山西大学，至今一直兼任考古系教授。即使身处领导岗位，考古研究和教育传承也一直是他秉承的宗旨。

柿子滩遗址工作伊始，时任山西省考古研究所副所长的他，将柿子滩遗址列入山西大学的实习基地，数届实习学生曾加入柿子滩遗址的调查发掘中。农家小院成了石老师的课堂，而野外的地层堆积成了他的实践基地，柿子滩遗址也成了学生们接受的最直观和最深刻的考古学课程。作为石老师的研究生，我更是受益匪浅，他将我的第四纪地质学、地貌学、第四纪哺乳动物学课程搬到了野外，发掘之余爬到山顶观察地层。为了给我准备教材，他甚至亲自备置了两套现生羊和狗的骨架，现场进行特征辨认和位置拼合（图二）。

石金鸣任职山西博物院院长之后，更是将柿子滩遗址作

图二　石金鸣为学生讲课

为博物馆宣传教育和文化遗产保护与传承的典范。2009年的世界文化遗产日，在临汾吉县的文化广场和柿子滩遗址发掘现场，他顶着烈日亲自讲解和宣传，让柿子滩遗址的保护理念深入人心。

做着考古学者最基层的工作，但又能将考古升华到教育和文化传承的水平，石金鸣有着他自己的境界。

二、乐趣与苦趣共享

说实话，考古工作者都喜欢野外作业，不只因为能收获田野资料，还因为野外工作独有的"放纵"，可以让汗水随便地流淌，还可以让思想随意地发挥，"大胆假设"，以备日后小心求证。但是，野外工作中还存在着很多辛苦，只是考古工作者不以为苦而已（图三）。

我就曾经听石老师讲述过他做调查时负伤的故事。那是1999年柿子滩遗址的野外调查，在跳下一个陡坎儿的时候，他的一只脚刚好落在了一截灌木茬子上，斜切的断茬就像钉子钉在了鞋和脚掌上，我真的难以想象那只脚脱身的过程……石老

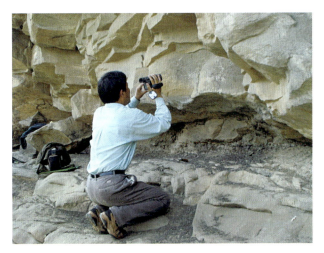

图三　石金鸣在野外收集资料

师娓娓道来，像在讲述别人的故事，不觉痛楚。这还不算什么，2002 年的一次同行，我目睹了他摔伤了脚——那次做沿清水河阶地的调查，徒步行程一天，眼见已接近根据地，他却在一处溪流处踩空了一块石板，光着的脚板重重地踩在散落的石渣上，只见鲜血流了下来。同行的小伙子们都吓坏了，可他自己却在一小会儿的咬牙皱眉后镇定地坐下来，从容地接过创可贴，贴在流血的脚掌创口上，笑笑说："这是小伤口，要紧的在里面"，他摸摸自己的脚面，"这第五根跖骨很可能骨折了，小拇指没有知觉，可能有脱臼，也就是……"说话间的那一幕，我突然感觉似曾发生，那不是他给我备置好动物骨骼后的"第四纪哺乳动物"课程的现场讲授吗？现在有了现身说法，"体质人类学"课程开始了……

不必说强忍着剧痛走回驻地，医生拍的片子与他自己的判断完全吻合也毋庸置疑，事后他还杵着拐，煞是认真地安慰我们这些被吓坏了的学生们，说："放心吧，骨折的地方会愈合形成骨痂，可结实啦，以后再摔着，哪儿断了，这儿都断不了！"拐杖是他的同事所送，他当时还杵着在办公室里溜了一圈，神秘地戏谑："呵呵，预习预习！"我是完全被他折服了。

三、考古发掘与科学研究同行

田野发掘是一项不仅辛苦，而且需要细致思考的工作，对于现代化的考古，尤其是对于旧石器时代的考古。

旧石器时代的人类居无定所，能够完美反映人类行为的遗存往往也是遗址被废弃后迅速掩埋起来的，而这类遗存的埋藏通常很薄，稍有疏忽就会被忽视，或随着铁锹飞舞而不留痕迹。

图四　石金鸣在考古发掘现场　　　　图五　石金鸣在考古发掘现场工作

石老师传承着前辈的优良传统，在发掘工作中亲力亲为，选址、布方、清理、鉴定、照相、绘图，每项工作中他都为我们推断分析最可能的史前人类行为方式（图四）。

　　发掘过程中做标志、贴标签的方法让我记忆深刻。这种目前国内旧石器发掘中普遍的行为源起于石老师的创举。柿子滩遗址发掘之初的 2000 年，我们就遇到了小如米粒的石质碎屑密集分布的情形，他用大头针在每件碎屑旁做了标记，以免失误清理走。后来为了让每件遗物与编号更加清晰，也让遗物分布状况有很好的平面展示，他又开始给每件标本附上编号标签。如今，此法已通行于中国的旧石器发掘中（图五）。

　　其实，发掘工作的改进一直伴随在石老师的野外工作中。从重样的筛选到轻样的浮选，从人工浮选到浮选机的应用，还有每层土样的采集，甚至整个地层和遗迹的套箱截取等，无不为柿子滩遗址的后续研究提供必要而充分的准备。

　　有学生曾说过，对于遗址性质的判断，石老师总是那么"有先见之明"！记得 2002 年对柿子滩 S9 地点发掘的时候，他就反复提醒我们，根据他对该遗址地层和遗物的认识，这个地点年代要稍晚，发掘中要特别注意有没有新石器时代的文化因素，比如局部磨制的石器，或者原始的陶器。后来的细致发掘中，我们果然发现了石磨盘，而这种新石器时代多见的研磨工具在国内外旧石器时代的遗址中是少有的。后来的 ^{14}C 测年数据

图六 柿子滩遗址发掘现场

和残留物分析显示，S9 地点中出土有旧石器时代晚期最晚阶段的研磨工具，该工具表面残留有多种植物的淀粉粒，曾具有植物食物加工、颜料研磨和装饰品磨制等多种功能。从黍亚科植物所占比例和石磨盘所体现的半定居趋势的加强可以看出，人类已经进入了对野生谷类的集约采集阶段，即农业起源的最初阶段。这对于粟作农业起源这一国际性课题做出了重要的贡献。该项成果已刊发于《考古科学杂志》（*Journal of Archaeological Science*），并获得很大的国际影响。

可以看出，辛苦的田野发掘不只是体力上的付出，也凝练着石老师对史前文化的深刻思考（图六）。

四 、中外合作与交流

石老师常说，旧石器考古学是一门国际性的学科，它所探讨的是世界性的课题，要有大的视野，所以他一直坚持国内外的合作和交流。

柿子滩遗址工作期间，石老师不仅组织和参与国内的学术研讨会，让国人认识遗址，为工作献计献策；他还不断加强国际交流，走出去，请进来，并促成了多项国际合作。目前他已经建立了两个国际合作团队：一个是与美国合作的农业起源研究团队，另一个是与美国和意大利合作的石器技术研究团队（图七）。

国际合作成果在国际知名期刊发表后的影响力是可想而知的，柿子滩遗址也因此受到了更广泛的国际关注。目前，石金鸣虽身为山西博物院的院长，但柿子滩遗址的国际合作仍在他的指导下顺利地进行着。相信就在不久，柿子滩研究的新成果将以崭新的面貌呈现在博物院的展厅之中。

图七 2001年柿子滩·旧石器考古学术研讨会

五、终于找到你，柿子滩人——圆满，但不是终结

旧石器时代距今万年之久，很多有机质几乎消失殆尽，而能留存至今的多是石质工具及动物和人类的化石。从柿子滩工作的开始，石金鸣就说，人类化石的发现是证明柿子滩人存在的最最直接的证据，"哪怕是一颗人牙"！

所以在每年的田野发掘中，我们都小心地清理每件出露的化石，仔细地从中辨认属于人类的骨骼。但对于居无定所，且没有埋葬习俗的旧石器时代人类，这类露天埋藏的遗址发现人类骨骼的概率很低。

终于，在野外发掘的最后一年，考古队员在第五地点发现了唯一的一枚人类门齿！从测量数据和测年数据上看，这枚人类的左上中门齿距今约2万年，已处于晚期智人的较晚阶段，可为研究晚更新世人类在东亚演化提供重要资料（图八）。

有人说这是上天的眷顾，是运气，但我知道，这是石金鸣

0 　　　　1厘米

图八　柿子滩遗址发现的人类门齿化石

多年孜孜不倦、锲而不舍的必然成果。

对于柿子滩遗址的发掘工作，它的发现和辨识算得上"圆满"，但对于遗址的深入研究而言，我们才刚刚开始。

"等我退休了，再全身心干起来！"这是石老师的愿望，他总觉得这些年全身心扑在了山西博物院，但我知道，对柿子滩遗址的工作，他从来没有休息过，也一直不会停下来……

说到此次访谈，我不只是欣然接受，而且是心存感激的。访谈的日程让忙碌中的我静下心来，回忆和思考了很多很多石金鸣老师的往事，书于此处的也只是十之一二，却也让我回味无穷、受益不尽。

作为石老师的研究生开门弟子，我是幸运的，不仅是因为幸运地从柿子滩工作开始之初就参与到遗址的发掘和研究中来，他还给了我这个学生所有的信任与重托，给我独立领队的机会，给我国外研修的机会，甚至在一些学术会议上让我代表团队做报告，并作为主要成员参与到国际合作中。更幸运的是，在与他的交流和学习中，我学会了如何做学问、做业务，乃至如何做人。

路漫漫其修远兮，我愿与石金鸣老师奋进同行，为柿子滩遗址的研究再接再厉。

作者介绍

宋艳花

1977 年出生，山西孝义人。2000
年毕业于山西大学历史文化学
院，先后师从石金鸣和高星两位
教授学习旧石器时代考古学，并
获得硕士和博士学位。现为山西
大学历史文化学院考古系副教
授、博士生导师。主要研究方向
和领域包括旧石器时代考古、石
器技术和功能、农业起源、遗址
形成与环境、装饰品等。曾主持
和完成国家社科基金重点项目
"柿子滩遗址 S29 地点发掘研究
报告"（2014—2018），出版专著
《山西旧石器时代考古》（2013），
并于中外期刊发表论文 30 余篇。

王建与山西旧石器

> 山西是中国旧石器文化埋藏最丰富、旧石器考古和古人类发展演化研究最重要的地区之一。目前，山西境内发现的旧石器时代文化遗存300余处。经过系统发掘的遗址有近30处。其中，有国家重点文物保护单位5处，省级重点文物保护单位20余处，市县级文物保护单位近百处。
>
> 西侯度、匼河、丁村、许家窑、峙峪、下川等一系列重要遗址的发现与研究，成为华北地区旧石器时代文化发展序列不可或缺的重要组成部分，为研究山西乃至中国史前人类发展历史积累了丰富的资料。这些遗址的发现、发掘都与贾兰坡、王建、王择义等人的名字紧密相连。

走进山西博物院"文明摇篮"展厅，可以看到西侯度、匼河、丁村、许家窑、峙峪、下川、柿子滩等一系列旧石器时代文化遗址。这些遗址与贾兰坡、王建、王择义等人的名字紧密相连（图一）。

图一　王建在野外

喜欢山西考古或山西旧石器的朋友们都知道，20世纪后半叶，中国旧石器考古界掀起一阵山西风暴，这股风暴使山西成为中国旧石器考古的风向标。

事情还得从1953年说起。这年初冬，由贾兰坡、周明镇率领的中国科学院古脊椎动物与古人类研究所野外考察队来山

图二　1994 年，贾兰坡（左一）、苏秉琦（左二）、汪宇平（右二）、王建（右一）在"晋文化与丁村学术研讨会"上于晋祠合影

西垣曲考察化石地点，山西省文物管理委员会派王择义、王建陪同考察。其间，周明镇先生得知在襄汾县丁村一带的挖沙中，发现了大量哺乳动物化石。考察结束后周明镇返回太原，并将王择义在丁村采集的动物化石和部分石器标本带回北京鉴定。12 月中旬从北京传来消息，丁村遗址被确认，并作为古脊椎动物与古人类研究所 1954 年野外工作的重点。得知这一消息，山西省文物管理委员会立刻指派王择义、王建前往北京学习。王择义跟随杨钟健、周明镇学习古脊椎动物化石；王建则师从我国旧石器考古学奠基人裴文中、贾兰坡学习旧石器。二人"一文一武"，成为山西旧石器考古事业的开拓者（图二）。

王择义，山西垣曲人，1951 年开始从事文物考古和古脊椎动物的调查工作。1953 年发现丁村遗址以后，在短短的 5 年中，他的足迹遍布山西大部和相邻的陕西、河北、河南周边区域，发现旧石器地点 173 处，采集了大量的哺乳动物化石，被誉为"化石猎手"。

王建，山西原平人，1951 年参加工作，1953 年调入山西省文物管理委员会工作。1954～1958 年在京进修期间，王建先生协助裴文中、贾兰坡整理丁村遗址发掘资料，很快掌握了旧石器考古学科的基础理论，开始显露出研究方面的能力。他与贾

图三　王建（左）与贾
　　　兰坡（右）

兰坡共同署名发表了《人类用火的历史和火在社会发展中的作用》《泥河湾期的地层才是最早人类的脚踏地》两篇文章，由此拉开了与恩师贾兰坡并肩战斗，亦师亦友数十年共同奋斗的序幕。他先后参加并主持了丁村遗址、匼河遗址、西侯度遗址、下川遗址的调查发掘与研究工作，成为山西旧石器考古的领军人物（图三）。

　　丁村遗址位于山西省襄汾县丁村一带的汾河两岸。1954 年 9～11 月，由贾兰坡任队长，裴文中、吴汝康、刘宪亭、邱中郎、王择义、吕遵谔、王建等人为队员组成的考古队，在汾河东岸第三级阶地上共发现含有旧石器的地点 11 处，获得石制品 2005 件，哺乳动物化石 27 种。此外，还在 54：100 地点发现了三枚"丁村人"牙齿化石（图四）。

　　丁村遗址的发现，填补了我国旧石器时代中期文化的空白。丁村遗址发现之前，我国的旧石器时代文化仅有周口店北京猿人文化、河套文化和山顶洞文化。丁村遗址的发现，恰好填补了我国旧石器时代中期文化和早期智人的缺环。1958 年，倾注了老一辈科学家智慧和心血的《山西襄汾县丁村旧石器时代遗址发掘报告》由科学出版社出版。这是我国学界用中文编写的

图四　丁村遗址出土
　　　石器

第一本旧石器考古专著。该书不但从地质地貌、动物化石、人类化石和石器遗存等方面对丁村遗址进行了全面研究，而且在专业术语、石制品的分类定义等方面作了简明扼要的介绍。在此后相当长的时间里，这部发掘报告都是我国旧石器时代考古学的范例和必备参考书。因此，丁村遗址的首次发掘和研究也被看作是我国旧石器考古学发展的一个里程碑（图五）。

图五　1994年，王建（右）、王益人（左）在丁村遗址

丁村遗址的首次发掘与研究，对山西乃至全国的旧石器考古工作起到了不可估量的推动作用。1954年丁村遗址发现以后，山西省的旧石器时代考古工作发展迅速，短短十年间就发现了近300处遗址或地点，数量居全国之冠。连续发现了丁村、匼河、西侯度、峙峪、许家窑、下川等一系列旧石器时代文化遗址。这些遗址和远古文化的发现、发掘与研究奠定了山西旧石器乃至华北旧石器文化的格局。它们与周口店北京人遗址、山顶洞遗址共同构筑了中国北方旧石器文化的基本序列。

1957年，正当学术界沉浸在丁村遗址发现的喜悦之中，一篇3000多字的短文引起了一阵波澜。1956年正在北京进修的王建与导师贾兰坡，在观察周口店北京人遗址文化遗物的基础上，共同完成了《泥河湾期的地层才是最早人类的脚踏地》的论文，这是中国旧石器考古的一个分水岭。他们首次从理论上提出："中国猿人不是最早的，在它之前的泥河湾期的地层中应有人类及其文化存在。"这一论断引起了我国旧石器考古学界长达两年多的有关北京人是否是最原始的人的大辩论，史称"中国的曙石器之争"，为推动我国旧石器考古事业的向前发展起了积极的作用。

为了证明他们的理论推断，贾兰坡、王建等人一直努力在泥河湾期的地层中寻找人类的遗骸和遗物。1957年考古工作者在山西省芮城县风陵渡镇西北约7千米的匼河村一带发现匼河

图六 丁村遗址出土的三棱大尖状器

0 —— 5厘米

遗址。1959～1960 年，贾兰坡、王建等人对匼河遗址进行了两个年度的调查发掘。在北起永济独头北沟，南至芮城涧口南沟长达 13.5 千米的范围内发现旧石器地点 11 处。出土石制品 138 件，包括石核 53 件，石片 66 件，砍砸器、刮削器、三棱大尖状器、小尖状器、石球等石器工具 19 件。1962 年，贾兰坡、王择义、王建在出版的《匼河》中，通过对地层、动物群、石器工业及文化比较诸方面综合分析之后，认为匼河文化早于北京猿人文化，应居于旧石器时代初期的早一阶段。它与旧石器时代中期的丁村文化有着密切的文化关系，即丁村文化是由匼河文化逐渐发展而来的（图六）。

匼河遗址调查发掘期间，贾兰坡、王建等人于 1959 年和 1960 年两次来到东距匼河 3.5 千米的西侯度进行地质考察，在村后的"人疙瘩岭"下部地层中发现一件距今 100 多万年前的早更新世轴鹿角化石和三块具有人工打击痕迹的石块。

西侯度遗址地处中条山西南端，黄河岸边的丘陵地带，高出黄河河面 170 余米。这里的第四纪地层发育齐全，出露良好。这是王建独立主持的第一个旧石器时代遗址。1961～1962 年，裴文中、贾兰坡两位大师北京论战期间，王建带领的考古队在西侯度进行了两个年度非常艰苦的发掘。

西侯度遗址中出土的哺乳动物有 22 种，包括：刺猬、巨河狸、鬣狗、剑齿象、平额象、纳玛象、李氏野猪、布氏真梳鹿、粗面轴鹿、山西轴鹿、晋南麋鹿、双叉麋鹿、步氏羚羊、古中国野牛、粗壮丽牛、山西披毛犀、古板齿犀、中华长鼻三趾马、三门马等。根据动物化石的性质判断，属早更新世动物群，是华北地区最早的早更新世动物群之一。

西侯度遗址中发现的文化遗存有石器、烧骨和带有切痕的鹿角等。石制品类型有石核、石片、砍斫器、刮削器、三棱大尖状器等。通过对这些石核和石片的分析，可知当时的人类已经掌握了用锤击法、碰砧法和砸击法来生产石片，并且可以制作单面砍斫器、双面砍斫器、直刃刮削器、圆刃刮削器、凹刃刮削器和三棱大尖状器。三棱大尖状器是我国旧石器时代的一种传统性的工具，在黄河中下游晋、陕、豫三省交接三角地带的匼河、蓝田公王岭和三门峡以及汾河流域丁村等遗址中都有发现。西侯度遗址三棱大尖状器的发现，可以将这一传统上溯到100多万年前。

西侯度遗址的发现，不但将人类在华北的历史上溯到180万年前的早更新世初期，同时也证明了《泥河湾期的地层才是最早人类的脚踏地》中的理论推断是正确的。从《泥河湾期的地层才是最早人类的脚踏地》到匼河、西侯度遗址的发现，我国的旧石器考古在理论和实践两个方面突破了"中国猿人是人类最早祖先"的看法，解除了长期以来"中国猿人是人类最早祖先"的陈旧观念，激励着人们到更为古老的地层中去寻找人类的足迹。1982年王建与贾兰坡再度合作，发表了《上新世地层中应有最早的人类遗骸及文化遗存》。文中指出，西侯度遗址的石制品虽然出现在180万年前的更新世早期，其打制技术比较原始古拙，但从石器生产的全过程来看仍有其进步的一面，石器的主人能选择具有一定硬度和韧性的石英岩、脉石英和基性喷发岩作为原料，并用多种打击方法打制石片、修理石器。石器的数量虽然不多，但已有了一定的类型和功能区分。说明这些石制品是经历了漫长历史洗礼的产物，预示着中国土地上最早的人类化石及其文化遗物还应当到比它更早的上新世地层中去寻找（图七）。

1973年，刚刚走出"牛棚"，还

图七　1960年西侯度遗址发掘，王建（右）等清理动物化石

图八　王建观察石器

处在"半自由"状态的王建与王向前、陈哲英对下川遗址进行了第一次调查发掘，在富益河圪梁、水井背两个地点灰褐色亚黏土层发现了木炭碎屑、兽骨残片和大量细石器。1974～1975年两年间他们在沁水、垣曲、阳城三县交界纵横二三十千米的范围内发现了近 20 个以细石器为特征的石器地点。1978 年，王建、王向前、陈哲英在《考古学报》上发表了他们的研究成果——《下川文化——山西下川遗址调查报告》（以下简称《下川文化》），确定了以锥状、半锥状、柱状、楔状等各种形制的细石核和细石叶、尖状器、雕刻器、琢背小刀、石镞、石锯、锥钻、石核式石器以及各种式样刮削器等典型器物为特征的下川文化（图八）。

下川遗址的发现，有力地推动了我国细石器文化遗存的探索与研究。在山西、河北、陕西、鲁西南和苏北等许多地区都找到了与下川文化相近的文化遗存。《下川文化》发表以后，受到国内外有关学者的高度重视，特别是日本有关学者纷纷对下川文化进行对比研究，从这一方面也反映出下川文化对东亚细石器的起源与发展研究的重要性。

1975 年，丁村人化石产地 54：100 地点受到汛期洪水的威胁。为防止再度受到洪水侵袭，1976 年 8～11 月，张德光、解希恭、陶富海等人在 54：100 地点抢险发掘，发现了数十件石制品和一块幼儿顶骨化石，拉开了丁村遗址的第二次大规模调查发掘的序幕。与此同时，考古队在汾河西岸北起柴寺南至东刘沟的沿河地带作了调查，发现了 76：006、76：007、76：008 三个含旧石器的地点，并对后一地点作了小型试掘。此后，王建、王向前、陶富海等人在这里做了长期而细致的考古调查和发掘，在丁村一带汾河两岸的第 Ⅱ、Ⅲ、Ⅳ 三个阶地中发现了分属于旧石器时代早、中、晚三个不同时期的 12 个地点。新的

发现表明，丁村人的文化遗物不仅仅局限于汾河东岸Ⅲ级阶地11个石器地点，而是足迹遍及汾河两岸、时代扩及旧石器时代早、中、晚期，这意味着丁村一带的古人类从二三十万年前的中更新世中晚期到二万年前左右一直在这里繁衍生息（图九）。

王建先生从事旧石器考古学研究50余年，与西侯度、匼河、丁村、下川四个旧石器时代遗址结缘，发表学术论文30余篇。他的学术论文多次获奖，曾获中国科学院古脊椎动物与古人类研究所颁发的"裴文中科学贡献奖"，入选《二十世纪中国知名科学家成就概览》。2017年是王建先生诞辰九十周年，谨以此文作为对王建先生的缅怀与致敬。

欢迎大家走进山西博物院"文明摇篮"展厅，了解更多山西旧石器时代的出土文物。

图九　1978年王建（二排右二）与贾兰坡（二排右四）一行赴下川遗址考察

王益人

山西省考古研究所二级研究员，山西大学科技与社会研究所兼职教授，硕士研究生导师，《人类学学报》编委。从事旧石器时代考古研究 30 余年，先后参加了西侯度、丁村、下川、柿子滩等许多旧石器遗址和地点的调查发掘与研究工作，发表了 50 多篇学术论文并多次获奖，参与或主持编著《山西科技史（上部）石器时代至 20 世纪中叶》《丁村旧石器时代遗址群——丁村遗址群 1976～1980 年发掘报告》《砥砺集——丁村遗址发现 60 周年纪念文集》等专著、发掘报告、论文集 8 部。2013 年以来主持的"丁村遗址群及汾河下游旧石器考古调查与发掘"、"西侯度及中条山南麓早期人类考古调查"取得了令人瞩目的考古新发现。

枣园农家

薛新明

1600 多年前，东晋诗人陶渊明笔下的"世外桃源"是"芳草鲜美，落英缤纷……土地平旷，屋舍俨然，有良田美池桑竹之属"。从古至今，每个人的心中可能都住着一个"桃花源"。

然而，早在 7000 多年前，枣园居民已凭智慧的头脑和勤劳的双手拥有了属于自己的"良辰美景"。

今天，他们将带你开始一段由春入冬的田园之旅。旅途中，你会看到他们如何精心搭建庇护之所，如何细致盘筑焰火般绚丽的彩陶，如何辛劳撒种入田、掘地储粮。袅袅炊烟升起之处，就是枣园人的"世外桃源"……

探索过去与向往未来都是人类追求的目标，然而，不仅未来的图景宛若海市蜃楼无法企及，即使是过去的岁月也因为缺乏完整的记录而若隐若现。史前考古着力于反思人类进化的轨迹、总结历史的经验，这既是具有重大意义的事情，同时也充满了趣味。

山西是我国进行新石器时代考古调查、发掘工作最早的地方之一，但在相当长的一段时间内都没有找到距今 10000 年到 6500 年之间的遗存。虽然 20 世纪 80 年代初，考古学家们在武乡县收集到距今 7000 年以前的石磨盘和石磨棒，但多次实地调查都没有发现这个阶段的遗址。山西考古人不懈的追求终于在 1991 年初夏获得了回报，带来突破的是三个当时还不到 30 岁的年轻人，这个过程一波三折，至今仍常被考古界同行提起。

1991 年 5 月初，为配合山西侯马至河南月山的铁路建设，山西省考古研究所对位于太岳山西麓、翼城东部的北撖遗址进行

图一　枣园遗址远景

发掘，具体工作由薛新明主持，留守曲沃曲村的田建文和晋东南考古站的杨林中相约前往工地帮忙制订发掘计划。在发掘开始前，三个精力充沛的小伙子对北撖周围的古文化遗址进行了一次摸底调查。此前，我们曾听浮山县（今浮山市）文物干部张笑尘先生说过，在离北撖村不远的枣园村发现有新石器时代的泥质红陶片，于是枣园村便成为此次调查的重要地点（图一）。

5月11号清晨，三个人穿过北撖村北的公路和一个叫紫琴的小村庄，站在村旁一个相对高度达30米的大断崖上，极目向北眺望，远处太岳山余脉绵延起伏，山前形成一个缓平的长坡，显得较为开阔，长坡西侧和南侧有史伯河（滑家河）、浇底河两条小河，在两河交汇处有一座早年建成的小型水库，叫小河口水库。水库东北侧的黄土梁西南部依山面水，坡度适中，符合人类选择栖居地的条件。正因为如此，在修建水库时，原来位于淹没区的枣园村居民们迁移到这里。从紫琴村到枣园村有一条简易公路，却因冲沟阻隔，需要绕大约五六千米的大圈才能到达。出于对古代遗存的向往，三个人莫名产生一种尽快跨越水库的冲动，年轻人自恃身强力壮，手脚并用，从陡峭的断崖上慢慢下到水库所在的沟底。水库东侧是被丛生的水草遮掩着的浇底河水，到枣园村必须跨过这条小河，身体健壮的田建文纵身一跃想跨过小河，我们的目光随着一道美丽的弧线移向对岸，却见他陷进了齐腰深的淤泥里，事发突然，我和杨林中只好绕道河水北侧、合力救出同伴。当我们最后到达枣园村南时，小村已经笼罩在袅袅炊烟中了。

顾不上欣赏湖边旖旎的自然风光，三个人沿着村外向两边延展的地堰开始巡睃，认真观察着每个可能留下遗存的地点。但是，村外耕地中的调查收获并不大，虽然也捡到一些陶片，但都很小，也不是典型器物。迫不得已的我们准备进村，期盼着会有"柳暗花明又一村"的奇遇。奇迹果然出现了：层层薄雾掩映着通往村中的小路，小路边有一棵小树，树上拴着一头小牛犊，它悠闲地甩动着短短的尾巴，旁边堆积着村民倾倒的垃圾。调皮的田建文用手铲挑逗着牛犊，牛犊恼怒地刨动着身下的垃圾，我们在抱怨不安分的田建文时，却不经意间发现垃圾之下露出了部分红陶片。三人欣喜若狂，立刻拉走牛犊，向附近的村民借了两把铁锹，开始找寻残存的遗迹边缘。我们清理了覆盖在最上面的垃圾，地面上露出一个被破坏了一半的灰坑，坑内弃置着密密麻麻的陶片。随着清理的顺利进行，被小心挖出来的"破盆烂罐"越来越多，小路边的陶片相互叠压着越堆越高，一些村民们禁不住好奇，纷纷聚拢在这三个挥汗如雨的年轻人周围。由于专注挖坑，竟错过了午饭时间。田建文是离此不远的襄汾县人，能够用方言与当地老乡沟通，便自告奋勇去买了鸡蛋，纯朴的老乡还免费帮忙煮熟。喝着开水，吃着鸡蛋，这便是我们当天的午餐，虽然简单，但谈笑风生的三个人却吃得津津有味。当半个灰坑终于清理到底时，我们已疲惫不堪，然而，沾满灰土的脸上却荡漾着满足的笑意，这个后来被考古学界津津乐道的遗迹就在这平凡的过程中重见天日了。由于超出了预先准备好的采集工具容量，我们花10元钱雇用了一辆驴车，将所有陶片拉回考古队所在地（图二）。

此后的一个月间，薛新明在北撖遗址发掘间隙，借着晚上昏黄的灯光，精心拼对带回来的陶片，竟然复原了20余件器物，囊括了该类遗存最主要的器类。1992年，在发表简报时，我们认识到这是当时山西发现年代最早的新石器文化遗存，由于调查中只清理了一座残灰坑，所以田建文首次提出了"枣园

图二　枣园遗址的发掘
　　　　现场

H1"的概念。两年后，根据垣曲古城东关、侯马褚村等地发现
的同类遗址情况，确认这种遗存具有广泛的代表性，他又最早
提出"枣园文化"的名称。聪颖的天资与名校、名师的栽培，
加上他自己的努力，使田建文从此成为山西史前考古学史上不
可不提的名人。

　　鉴于枣园遗址没有进行过正式发掘，也没有发现当时的居
住区，我们提出小规模发掘枣园遗址的申请，并且很快得到国
家文物局的批准。1999 年 10 月下旬，由薛新明担任领队的考
古队再次来到枣园村，此前参与调查的杨林中一直坚守在工地，
发掘位置选择在 H1 的北侧，先后发现了 15 处遗迹，包括房址、
窖穴、红烧土硬面等，这些设施基本可以满足居民们衣食住行
等最基本的生活需求，完整地构成了一个早期农家的小型聚落。
枣园居民居住的是一种地穴式房子，构筑程序比较简单：最早
只在当时的平地上挖了一个平面接近椭圆形的深坑，西南侧留
有几级供人们上下的窄台阶，然后，在坑底较宽的北侧壁面上
挖进去一个与该坑并列的洞穴，形成一个外室为进出通道、内
室供起居活动的窑洞式居所。在两个椭圆形坑之间筑有一道高
约 0.5 米的隔墙——可以防止地面进入坑内的积水流进内室，人

图三　枣园遗址 F1 房址

却可以从隔墙上轻松跨过。居室的地面只稍微修整了一下，内室的一侧墙壁距底部约 1.5 米处斜向挖有一个小龛，用来插树枝或其他照明工具，龛外上侧留下了经小火烧烤过的笔头状痕迹。外室接近东南壁的地面上，有两处点火取暖留下的草木灰，相应的壁面上也有烤炙形成的硬面。三处仿佛仍旧留有余温的遗迹各有其不同的用途。根据遗址的规模、周边坡地的承载力推测，当时枣园一带的居民并不多，同时生活的可能就是两三户人家，但居民们将生活环境打理得井井有条，不同功能的生活设施有机地安排在居住区周围，重现了一幅恬静祥和的生活图景（图三）。

　　维持居民们生计的是原始农业，他们种植以粟为主的粮食，为度过寒冷且缺乏青菜的冬春季节或收成不好的荒年，人们挖出了口小底大的圆形袋状坑，用来贮藏粮食，我们在一个窖穴的底部一侧边缘地带还发现了一个小型的袋状坑，这种坑内套着的小坑或许是用来放置不同于大坑的作物果实。

　　在没有发明金属器皿之前，人类的生活用具主要是陶器。枣园村发现一处直径超过一米的圆形红烧土硬面，这可能就是当时烧制陶器的地方。烧制陶器时，由于器物与空气直接交流，

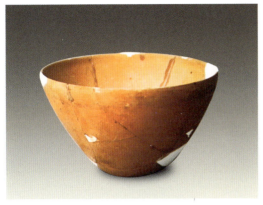

图四　枣园遗址出土的陶器

图五　枣园遗址出土的陶罐

　　形成一种氧化气氛，烧出的器物一般为红色或红褐色，内壁还有灰色、灰黑色斑块。器表除素面外，还有弦纹、窄带纹，底部有草木碎屑的印痕。当时使用的典型器物有泥质陶壶、钵、盆、罐、器座和夹砂罐等，这就是他们的日常用具（图四、图五）。

　　经科学测定，枣园发现的遗存距今 7000～6400 年，山西周边的其他地方都有早于 7000 年的文化遗存，由此来看，枣园文化遗存代表的应该不是本地最早的新石器时代部族人群，山西某些地域还可能存在更早的新石器时代人群的落脚处。但枣园却是目前发现最早把植物撒种入田、最早将蔬菜栽种入园、最早掘地储粮应对荒年的农家。

　　根据近年的调查发掘，当时，与枣园农家类似的聚落主要分布在山西南部到河南西部地区，与关中地区几乎同时的老官台—半坡文化代表着两个相邻的部族集团。在当时的黄河流域，这两个地区的文化最发达。在相当长的时间内二者相互交流、融合，为后来一统中原的庙底沟文化奠定了坚实的基础。

　　枣园遗址已经发现近 20 年了，我们对当初的发掘过程却历历在目，这是一段让人永远难以忘怀的往事。

薛新明

山西临县人。1984年毕业于西北大学历史系考古专业，现任山西省考古研究所研究员、学术委员会委员，兼任山西省考古学会常务理事。主要从事新石器时代的考古发掘和研究工作。参与或主持了三十余处重要遗址或墓地的田野调查、发掘工作，先后承担多项国家级、省部级重大科研项目，撰写专业论文、报告80余篇，主编有《翼城枣园》《清凉寺史前墓地》两部专著。

中国现代考古之父
李济与山西

王晓毅

红色做底，弧线、钩叶、三角这几个基本的元素勾勒出了摇曳生姿的"西阴之花"。一件件施以黑彩、造型典雅的彩陶盆就在"文明摇篮"展厅中整齐地陈列着。人们在这里流连忘返、啧啧称赞，它的美仿佛让时光回到了1926年10月15日，这一天是属于整个中国考古界的，也是属于一个名叫李济的年轻人。他踏入山西夏县西阴村，定好基点、布方，挖起第一锹土的时候，这一刻便成为历史的永恒。

这是中国学者第一次独立主持的田野考古发掘，李济先生举起了中国现代考古学的第一面大旗，为山西乃至中国创制了第一部现代文物法规——《山西省历史文物发掘管理办法》。而李济先生也与山西结下了深厚的"不解之缘"。

山西历史悠久，作为中华文明的发祥地、华夏文明的摇篮，留有无数璀璨的古文化遗迹。李济先生（图一）在我国现代考古学创立前夕，就将眼光瞄准了山西，他在汾河流域开展了中国考古学者的第一次考古调查，编订了第一部地方性的考古管理法规，并在夏县西阴村挖下了中国人独立自主考古发掘的第一铲。正是由于李济先生在山西的创举，他被称作"中国

图一　李济先生
（1896~1979）

图二　初入清华（前排右起：赵元任、梁启超、王国维、李济）

考古学之父"。

一、李济其人

李济，字受之，后改为济之，湖北省钟祥人，生于 1896 年 6 月 2 日，1911 年考入清华学堂，1918 年被派往美国留学。1920 年考入哈佛大学攻读人类学专业博士，1923 年作为中国第一位人类学博士，学成归国。1925 年任清华学校国学研究院人类学讲师，与著名的四大导师（梁启超、王国维、陈寅恪、赵元任）同台执教（图二）。1928 年秋，中央研究院成立了我国第一个专门的考古教育科研机构——历史语言研究所，李济作为当时我国唯一具有近代考古学知识和一定发掘经验的学者，任该所考古组组长，1948 年李济先生被推选为中央研究院第一届院士。李济先生一生致力于中国古史研究和现代考古学的建立，并为之做出了巨大的贡献：主持了中国考古学史上著名的西阴、殷墟、城子崖等重要遗址发掘工作，是创立中国现代考古学方法和理论的先驱，发表论著二百多部（篇）。1979 年 8 月 1 日，李济先生因心脏病猝发，在台北逝世，享年 84 岁。

二、心系山西

1926 年，对于李济先生本人来说，是个重要的转折点，这一年也是李济先生与山西结缘的一个起点，更是中国现代考古学的一个开端。当时安特生的"中国文化西来说"在国内学术界一石激起千层浪，怀揣着一颗爱国心的李济先生，也正在寻找一处重要遗址进行相关的考古研究。同时，在美国弗利尔艺术博物馆毕士博和清华学校同仁的支持下，李济的田野考古夙愿逐步变成了现实，即由他到山西南部沿着汾河流域去作一番考察，以确定有无进行考古发掘的可能性。

至于缘何选择山西，李济并未言明，而从当时历史背景来看，敲定山西汾河流域作为此行主要线路，有着多方面的综合考虑：第一，1925 年，李济受聘清华，王国维在国学研究院讲授"古史新证"，明确提出纸上史料与地下史料互相印证的"二重证据法"，鼓舞了田野考古的发展。第二，山西的汾河流域有着深厚的文化积淀，流传着大量尧舜禹的传说，是古史探索的一个重点区域。第三，20 世纪 20 年代初期，安特生的"中国文化西来说"尘嚣一时，寻找一处适合发掘的史前遗址，以事实来回应此说成为国内学者的共同心愿。第四，在一定程度上也是对时局的考虑，山西在时任省长阎锡山的治理下，政局相对稳定，这对于考古发掘大有裨益。

图三　考察队伍离开太原

为促成李济汾河流域考察一事，时任清华学校校长的曹云祥给阎锡山省长写了亲笔信，清华资深教授梁启超先生也捎去了介绍信，商讨了李济去晋南考察事宜，清华学校还委派了地质专家袁复礼一同前往。考察队伍于 1926 年 2 月 5 日离开北京，2 月 7 日抵达太原，8 日同省府官员进行了接触，安排妥当了后续事情。2 月 9 日考察队离开太原（图三），先后抵达介

1. 传说中的尧陵

2. 传说中的舜陵

3. 传说中的禹王陵

图四　考察尧舜禹帝陵

休、霍州、临汾、浮山、翼城、曲沃、侯马、绛州，后转向运城、安邑（今夏县），2月26日开始返回北京，全程在山西逗留20余日。

此次考察，李济细心关注了当地古建碑碣、历史传说，行程中在介休做了一次居民体质调查。同时，还千方百计地寻找一处恰当的史前遗址进行进一步的发掘。

可能是受到1925年安特生在山顶洞发现人类化石消息的影响，考察队在临汾姑射山石灰岩洞穴也试图找寻一些旧石器时代的遗址，但无果而终。回来后经商议，调整了思路，拟定以历史遗址兼顾可能的史前定居点为目标，随后探访了尧帝陵，虽无所收获，但在浮山响水河发现了此行的第一个仰韶时期遗址。此后，根据舜帝和夏代传说，寻访了中条山周边地区，并在安邑考察传说的夏王都（图四）。这些工作虽没有大的收获，

1. 交河头遗址

2. 西阴遗址

图五　调查发现的两处仰韶时期遗址

却在路过西阴村时，发现一大型史前遗址，为本次考察画上了一个圆满的句号（图五）。

三、首部考古规章的诞生

发现西阴遗址后，李济大为振奋，为推动在山西夏县西阴遗址进行考古发掘事宜，1926 年 3 月回京后，他积极努力，全力促成此事，经多方联系，与美国弗利尔艺术博物馆一起拟定了《山西省历史文物发掘管理办法》（*Regulations Governing the*

Excavation of Historical Objects in the Province Shansi），该办法现藏于弗利尔艺术博物馆，落款日期为 1926 年 7 月 14 日。1995年李济之子李光谟在华盛顿获赠复件，并译成中文。这是首部地方性的考古发掘管理规章，虽说仅仅是为西阴遗址的发掘做准备，但其中明确了出资方（弗利尔艺术博物馆）、发掘方（清华学校）及山西地方政府之间的关系与权限，第一次明确规定了考古发掘与宣传的宗旨是保护，考古发掘的出土品为国家所有，出土品的暂存、复制及报告编写等问题也在其中有一些约定。这与我国当前"保护为主、抢救第一、合理利用、加强管理"的文物管理方针一脉相承。

山西省历史文物发掘管理办法

一、不得破坏坟墓或纪念性遗址、遗物；对历史文物的报道应着眼于保护。

二、发掘所得应为国家保存。

三、为促进学术研究，清华学校有权安排出土物公开展览。

四、出土文物的复制，应在清华学校同意条件下由指定单位负责进行。

五、出土文物经研究后，由清华的考古学者以中文写成专题论文。

一九二六年七月十四日

（李光谟译成中文，1995 年 10 月）

四、现代考古学的发端

在与弗利尔艺术博物馆编制了《山西省历史文物发掘管理办法》后，1926 年 10 月 15 日，李济率队抵达了西阴村，在一个俗称"灰土岭"的断崖边，开始了期盼已久的考古发掘，12 月初结

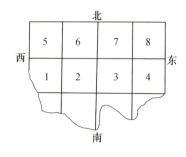

图六　1926 年西阴遗址灰土岭地点布方示意图

束田野工作。这是山西西阴遗址的首次发掘，发掘中采用了探方方式，布设了 8 个 2 米见方的方坑（图六）。同时以三维坐标和层位记录出土遗物，与如今国内外考古工作的方法一脉相承，已经具有现代中国考古学的雏形。在资料整理和研究中，以层位为基础，逐层分类统计，采用广域视角的对比分析。这样的报告整理方式，奠定了中国田野考古报告的一个基础，其微观、宏观相结合的学术思想在当时，乃至今天都具有很强的学术前瞻性。

这次发掘采集遗物共六十余箱，1926 年初冬，李济和袁复礼押着九辆马车，浩浩荡荡地从夏县北上，历时十日，抵达太原车站，将这六十余箱遗物悉数运往北京。这些遗物大多为新石器时代陶片，主要为仰韶文化遗存。后来，经著名考古学家严文明先生进一步分析，确认李济发掘所获的西阴遗址遗物以仰韶中期为主，兼有仰韶早期、仰韶晚期遗存。特别值得一提的是，遗址中发现了半个人工蚕茧（图七），这一惊天发现把蚕丝开发历史上推到仰韶时期，该蚕茧甚至被当作西阴遗址的名片。蚕茧发现的消息很快传播开来，但由于是孤证，引起了中外考古学界的激烈讨论。1928 年，李济访问美国时，特意把西阴的这半个蚕茧标本带去，请华盛顿史密森研究院专家帮助分析，经鉴定认为其属于家蚕老祖先的茧壳。这枚珍贵的蚕茧，作为中国远古丝绸的见证，先由清华大学的考古陈列室保存，后随李济工作的变动移交"中央研究院"，最后又转到台北故宫博物院珍藏。

西阴遗址的这次工作是中国人独立主持的第一次野外考古发掘，标志着现代考古学在中国的建立，也奠定了李济作为"中国现代考古之父"的历史地位。以这次考古发掘为契机，李济的田野生涯进入了黄金期，此后他又主持了殷墟、城子崖等重大发掘，其主要活动也从体质人类学转到

图七　西阴出土的半个
　　　蚕茧

了考古学。正如李济先生所
言，他也从一名人类学家完
美转型为一位考古学家。

图八 四卷本《李济
文集》

　　李济在晚年谈到西阴村
发掘时，也是甚为欣慰。西
阴出土实物运往北京后，在
清华校内进行了一次展览和
演讲，他的同事纷纷前往参观。国学大师王国维先生也去参观，
并对一块带流的陶片产生了极大兴趣，与李济进行了热烈讨论。
梁启超在听闻了李济的发掘方式后，也给其子梁思永去信，信中
大加赞赏李济的考古方法，并希望其能学习这一思路，梁思永回
国后在李济的辅导下，直接负责了西阴遗址报告的编写工作。

　　李济一生著作等身，撰文近两百篇部（图八），其在山西的
工作虽并未最终达成他的学术目标，但却举起了中国现代考古学
的第一面大旗，也迈出了自己考古生涯的关键一步，并为山西乃
至中国创制了第一部现代文物法规——《山西省历史文物发掘管
理办法》。

　　2006 年 10 月 15 日，适逢西阴遗址发掘八十周年纪念，为
凭吊西阴，缅怀先驱，学人齐聚西阴，在当年的灰土岭勒石为
铭，纪念中国考古学的奠基人李济先生（图九）。

图九 西阴遗址发掘八
十周年纪念碑揭
牌仪式

王晓毅

1975年出生，山西新绛人，现为山西省考古研究所所长、研究馆员。1997年毕业于山西大学历史系考古学专业，2011年获山西大学科学技术史博士学位。主要从事新石器时代考古及技术史研究。曾主持过垣曲上亳，稷山郭家枣园、岢岚乔家湾、窑子坡，兴县碧村等新石器时代遗址的发掘。出版考古报告《垣曲上亳》及专著《岁月遗珠——20世纪山西考古重大发现的文化解读》，发表报告、论文40余篇。

发掘陶寺

——四千年前"北京城"考古

何 驽

> 考古人有时可能会把生活过成匆忙的流水席，应付着在凌乱的办公室里睡一觉，草草地准备一顿晚饭，匆忙地奔赴下一个考古工地。
>
> 但他们却格外珍视每件文物，大到青铜器小到一颗牙齿，他们细细琢磨、分析对比，并乐在其中。他们把一件件细小的线索连缀成了恢宏的历史画卷。
>
> 考古仿佛是一场无声的"恋爱"，没有诗词歌赋，也没有人生哲学，只有一道道未解的谜团，考古人却将这些过往甚至是史前时代的岁月氤氲成了山水画，这何尝不是一种浪漫？

从事了33年的考古工作，经常遇到有人问我："考古工作这么辛苦，乐趣何在？"我回答说："考古的乐趣像刑侦一样，在探索中总会有新的发现令考古学家兴奋不已，套用一句歌词'每天都有新发现。'"这大概是我所感受到考古最大的乐趣。

考古学家就像福尔摩斯一样，对探索与发掘的对象、地下留存的不会说话的片段物证着迷，千方百计地破解谜团，竭力建立一条比较完整的证据链，让不会开口的证据"说话"。考古学家甚至可以在自己的脑海中如重播一般再现已逝古人的行为与社会场景，确实激动人心。

山西临汾，古称平阳，是尧都所在之地。这是一片神奇的土地，我与她有着千古不解之缘。

据我家族谱记述，我们何家原本是三晋韩国人，战国至秦汉时期流落到江淮，"韩"姓音转被称为"何"姓。所以我们何家历来自视为唐人余裔、尧舜后人。我父亲名垂尧，字德贤；我叔叔字步舜。我父亲给我取名何努（何驽是我的笔名），但他做梦也没想到我会回归数千年的故里，去发掘研究陶寺，证明尧都的存在，将尧舜禹时代变为信史。他甚至没能等到我接手陶寺考古工作便离我而去。

2001年秋季开始，我进入中国社会科学院考古研究所山西队工作，参加陶寺遗址的发掘。2002年我正式接手陶寺遗址发掘队长的工作，从此自己的命运与陶寺的巨大谜城密切关联。每当我面对遗迹、墓葬、遗骸、遗物时，都感觉自己仿佛正穿越时空，与4000多年前的尧都人在对话与交流，神秘与神圣以及成就感和满足感油然而生。

在我之前，自1978至1985年、1999年至2001年，陶寺遗址考古的前辈们，如高炜、高天麟、张岱海、李建民、梁星彭、严志斌等诸位先生，已在陶寺栉风沐雨，辛勤发掘，精心整理，认真研究，收获颇丰。至今，我带领山西队在陶寺遗址考古发掘研究也有15个年头了。近四十年陶寺遗址考古发掘与研究，历经坎坷挫折，最终我们初步建立起一套比较完整的考古证据链，证明临汾市襄汾县陶寺遗址就是文献中所说的尧舜并都之所。而且我们大致厘清了陶寺遗址的都城性质与功能，陶寺文化社会组织的国家性质，分析出陶寺中期王墓IIM22随葬的漆圭尺上那道1.6尺（40厘米）夏至影长刻度的"地中"标准，澄清了最初的"中国"的概念是地中之都、中土之国。一个四千年前的"明清首都北京城"的轮廓与部分场景，正逐步拂去尘封的黄土，一点一点地呈现在世人面前。随着研究的深入，我们越发清楚地认识到，陶寺是中华文明多元一体化核心形成的起点，是中国文明形成的起点，是今日中国形成的史前起点（图一）。

今日中国以首都北京为政治、经济、文化中心，而今日北京城的底版是明清的北京城，这座古城的前身是金中都和元大

图一 陶寺遗址

都。了解北京城的人都知道，北京城有外城（术语称为郭城）和内城（术语称宫城，雅号紫禁城，俗称故宫）。这套郭城—宫城双城制的都城建筑制度，陶寺中期已经成熟。陶寺中期宫城有 13 万平方米，外郭城超过 280 万平方米（图二）。

到过故宫的人，都会被紫禁城午门东西两侧巍峨庄严的阙楼（俗称雁翅楼）所震撼，走向午门，庄严的仪式感油然而生。如果我告诉你，我们考古发现陶寺宫城晚期南门 3900 多年前也有东西两阙，它开创了中国古代宫城城门门阙礼制之先河，你是否会惊掉下巴？

北京明清紫禁城里最核心的建筑群莫过于三大殿——太和殿、保和殿、中和殿。三座高高在上、中轴排列、宏伟壮丽的大殿，坐落在同一座大型台基上，巨大的体量与多层汉白玉栏板装饰，令人肃然起敬。而陶寺宫城内最核心的建筑基址也有 8000 平方米，其上有至少前后两座殿堂建筑，类似故宫的保和殿与太和殿。陶寺宫城前面的小殿面积 248 平方米，后面的大殿有待全面揭露。虽然陶寺宫殿地表以上建筑体早已荡然无存，但是残存的板瓦、刻花墙皮、蓝彩墙裙、近似瓷砖的白灰地坪、陶地漏、陶排水管等，都无不在诉说四千多年前陶寺宫殿装饰的奢华与富丽堂皇。

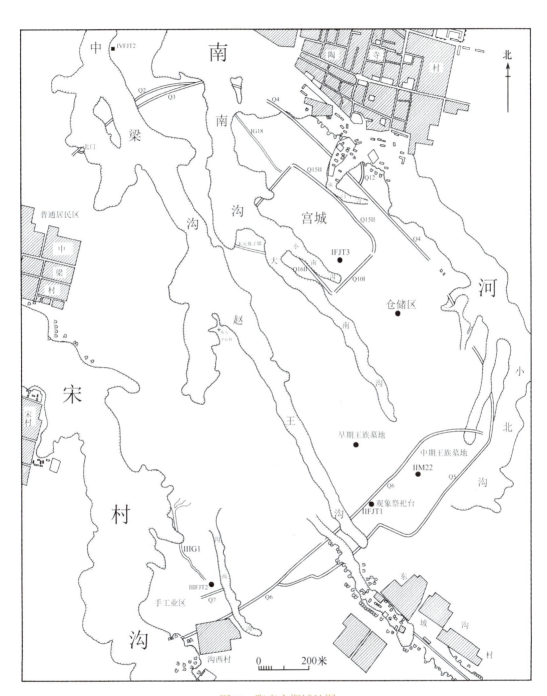

图二　陶寺中期城址图

据说明清故宫内有冰窖，不久将对游人开放。而陶寺宫城内早期冰窖有 300 平方米，深 9 米，之字形夯土坡道上下，同样开创了冰窖宫室制度之先河。冰窖的存在，不但为四千多年前陶寺统治者提供冰镇瓜果、酒水等高等级的宫廷食材、饮品，而且还可以通过给死去的贵族颁冰以保存尸体，凝聚统治集团内部关系，强化等级制度。

今天天安门前的十里长安街，是北京城纪念性大道，犹如连通祖国伟大首都心脏心房的主动脉，这一象征意义家喻户晓。而四千多年前，陶寺早期城址就设置了这样一条纪念性大道，东南起自早期王族墓地，西北通往陶寺早期地坛，长约 1480 米。历经 4300 年沧桑，这条陶寺早期的"长安街"变成了今天的大南沟和南沟。而陶寺中期的"长安街"则更加壮伟，横亘在中期外郭城的中央，东南起自陶寺观象祭祀台附近的郭城东门，西北连接带瓮城的西门，全长约 1938 米，这便是如今的赵王沟与中梁沟。

今北京建国门立交桥畔伫立着明清古观象台，前身是元大都司天监的观象台，坐落在北京城外郭城的东墙上。这一先例是陶寺观象台开创的（图三）。

图三　陶寺观象台
（高空照）

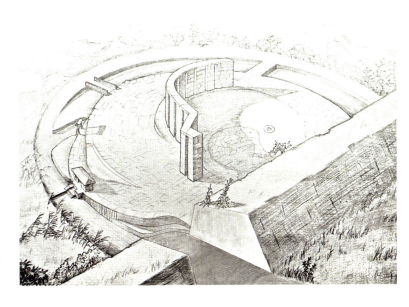

图四　陶寺观象台复
　　　原图

在陶寺中期外郭城内道东墙上，向东南接出一个半圆形的夯土台基建筑，将建立在夯土基础上的石头柱缝及夯土观测点作为日出地平历观测仪器，以 7.5 千米之外的塔儿山作为巨大的参照背景，建造出迄今考古发现的世界最早的观象台。历象日出，敬授民时，陶寺统治者才用 20 个节令的太阳历法，控制这个社会的生产与生活，表达君权神授的正统性。今天的北京城在城南中轴线上有座著名的天坛，是封建帝王祭天的场所。陶寺的观象台兼用作天坛，将二者合二为一（图四）。

明清北京城的地坛与社稷坛是分离的。社稷坛在故宫的右手，今改为中山公园，其中的五色土方坛即是，社稷坛中央埋一方形白石社主。地坛则在城北中轴线上，核心是座环壕围绕的方坛，文献中称之为"泽中之方丘"。陶寺城址的地坛位于外郭城外的西北处，也是座处于沼泽的方坛，面积约 1400 平方米，坛上有柱洞表明原有木柱作为社主和地祇主。陶寺的地坛与社稷坛很可能是合二为一的。

明清北京的外郭城所有的城门都带瓮城，而夯土瓮城的老祖宗就要算陶寺中期外郭城西门"C"形结构的瓮城了，虽称不上结构复杂，但也独具匠心。

　　君王生前住在宫城内的宫殿里，死后埋入王陵区。明十三陵和清东陵、清西陵都在距北京城比较远的地方。陶寺的王陵区则选择了城边近郊。陶寺早期王族墓地位于早期宫城外东南部，迄今已清理王墓6座，中型官僚贵族墓40余座，还有1000余座平民墓葬。陶寺中期王族墓地位于中期东南小城内，已清理王墓1座，官僚贵族墓5座，赤贫小墓20余座。王墓随葬品数量大、品质高、极为奢华，王权色彩突出，表达的等级、王权至上和正统思想意识形态与明清帝陵随葬品没有本质的区别（图五～图八）。

　　陶寺中期王墓出土的圭尺（图九）及其工具组合，包括玉琮游标、玉戚垂悬（垂球功能）、玉戚景符（小孔成像原理精确判定立表日影在圭尺上位置的工具），不仅是迄今考古发现最早的圭尺，而且以圭尺上第11刻度1.6尺夏至影长作为地中的标识性刻度，标榜陶寺尧都就是地中，犹如格林威治世界标准时间与本初子午线一样，是以政治话语权为前提而推出的天下中心的物化标识。天下中心被称为地中，该地中是沟通天极上帝（抽象的人祖至上神）住所的唯一通道。因此王者只有独占地中，垄断这一

图五　陶寺中期大墓

图六　彩绘龙盘

图七　土鼓　　　　　　　　　　　图八　鼍鼓

沟通上帝的唯一通道，做到"绝地天通"，才能够排除其他政治中心或政权的"君权神授"的正统地位，将自己的政治统治中心合法化与合理化，即建立自己政权的正统地位。陶寺地中标准的政治发明，衍生出后来中国历代王朝王者居中、寻中、择中、逐中、传中、立中建极等一系列中正正统思想观念，影响极其深远。而陶寺的地中观念同陶寺尧舜邦国的国家社会首次结合，才开创了"地中之都、中土之国"的本初"中国"概念。圭尺与玉琮游标的套合使用形象被创制为"中"字，不仅表达圭尺本体，更表达由圭尺地中引申出来一切与"中"有关的概念（图一〇）。

　　另一方面，圭尺以其判定地中、制定历法、通过天文大地测量得到版图与天下观等特殊功能，不仅成为中国古代主流的天文观测仪器设备，而且也作为传国玉玺发明之前国家权力传递交接的权柄象征。文献记载尧传位给舜、舜传位给禹时均强

图九　圭尺全貌

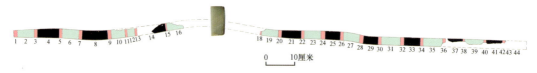

0　　10厘米

图一○　圭尺游标合成图

调"允执其中"——一定要好好掌握圭尺权柄！而今"允执厥中"的金匾仍高悬于故宫中和殿内。这一王道中道观念的源头起自陶寺圭尺及其地中概念。

　　陶寺考古人近四十年艰辛考古，正在一点点揭开最早中国四千年前的"北京城"上尘封黄土，让尧舜禹走出传说时代迷雾，站到历史舞台真身亮相，这使我们感到无上荣光，无比自豪与欣慰！

作者介绍

何驽

1963 年出生，北京人。北京大学历史学博士，中国社会科学院考古研究所研究员。主要从事山西襄汾陶寺遗址考古发掘与研究，主持国家科技支撑计划项目中华文明探源工程"陶寺遗址专项"和"公元前 3500 年至前 1500 年黄河、长江及西辽河流域精神文化的发展研究"、中国社会科学院哲学社会科学创新工程之"陶寺课题"。主持发掘出世界最早观象台，研究提出山西襄汾陶寺遗址是本初"中国"，提出陶寺遗址为尧舜之都的系列考古证据链。研究领域涉及中国早期国家、中国文明起源考古、精神文化考古理论研究等。在国内外学术刊物上发表论文百余篇。著有《怎探古人何所思——精神文化考古理论与实践探索》。

垣曲商城考古和
其背后的故事

海金乐

> 说到泪水，大家会想到什么？也许是难过和脆弱，也有可能是激动或成功。考古人的工作中，泪水和汗水是一对好朋友，可能会为了新的发现欢呼雀跃，饱含热泪；也会为了没有缘由的误解、刁难而暗自垂泪。
>
> 然而，他们的心中有着一颗如浩渺瀚海的心灵，不断地接纳希望、勇气、力量，汇成前行的百川，带来一个又一个重要发现。

要说垣曲商城考古，我觉得有关背景情况有必要先讲讲。

1982 年，为了寻找夏文化，中国历史博物馆（现中国国家博物馆）与山西省考古研究所、垣曲县博物馆合作在垣曲县开展考古调查，重点区域放在了以古城镇为中心的黄河、亳清河和沇河交汇处的古城东关遗址，并进行了试掘。之后连续几年进行了大规模的发掘。1984 年发掘期间，在周围做调查时发现了商城遗址。开始还不能确认它的年代和性质，只是觉得年代应该比较早，应做一些工作对它作进一步了解。之后派专业人员进行了详细的调查勘探和试掘后，可以确认是一座相对完整的商代前期城址。经过一系列的论证，得到国家文物局和有关专家的强烈关注和重视（国家文物局副局长张柏、北京大学邹衡、中国社会科学院院长张政烺、中国历史博物馆俞伟超等先生都表示该遗址在学术上有着重要的地位，提出下一步发掘的很多建议）。经国家文物局批准于 1987 年至 2003 年连续做了发

图一　垣曲商城航空遥
　　　感图

掘，发掘面积达 12600 平方米（图一）。

　　垣曲商城考古工作进行了十几年，先后由佟伟华、董琦、戴向明三位任领队主持工作，其中佟伟华坚守的时间最长，最后的发掘报告也是由她组织完成的。

　　佟伟华（图二），早年毕业于北京大学考古专业，后师从苏秉琦先生读研究生，长于新石器考古和商周考古。作为项目主持人，除了业务上需要把握大局，编制发掘计划、方案，组织协调发掘有关事宜，督检发掘质量外，更多的精力还要放到与地方的协调、土地使用赔偿、工人劳资纠纷等繁杂事务，这里面有许许多多的困难需要克服，显然要比其他人员付出更多的精力和操劳，尤其她还是位女性。

图二　佟伟华

　　关于佟伟华其人其事，我在后面还会提

到。这里想插一句，古城东关遗址发掘，我作为山西省考古研究所业务人员，参加了1982～1984年的工作，之后的小浪底库区考古工作的调查、发掘保护工作，我是规划编制者和协调组织者，商城的发掘工作虽未直接参加，但由于工作关系经常要去，所以许多人和事还算了解，作为亲历者，有着较深的感受，也愿意说说。

垣曲商城发现时，全国范围商代的城址共发现四座：河南郑州商城、湖北盘龙城、河南偃师商城和山西夏县东下冯商城。垣曲商城虽然是个小城，但仅就发现的数量和其蕴含的信息，在学术上的重要性是显而易见的。按照规划，经过十几年的考古工作，该城的布局，包括城圈、城门、道路、作坊区、居民区和宫殿区已基本搞清，科学地获取了大量的实物资料和其他许多信息，为进一步研究商文化（包括政治、军事、经济）及其与其他文化的关系奠定了基础。

垣曲商城考古的收获和成果，因其已公开发表了报告，这里就不一一细说。而与之有关联的一些故事，包括一些人、一些事，是本文所要讲述的。

先说吕辑书先生。吕先生当时是垣曲县博物馆馆长、县政协副主席，也是考古队主要成员之一，常驻工地，协助佟伟华做一些协调工作。吕馆长是我的前辈，与我有着良好的工作关系和私交。1984年，东关遗址发掘期间，出于职业习惯，他一个人背上工具，由驻地出发前往古城南关做调查，跨过亳清河的独木桥，爬上几百米的大坡，上了南关台地调查，地面上没捡到有价值的陶片，在一条土塄前稍作休息时，撒了一泡尿，不经意间觉得被冲刷的土墙上似乎是夯土层痕迹，他用工具刮出一个观察面，确认是夯土。虽不能确认其年代，但依据夯层的厚度和密度，可以肯定不是晚期的。这一发现最终被确认是重大发现。"撒尿"一词虽属不雅，但野外调查是不可避免之事。由此"吕馆长撒尿"发现商代城址在圈内成为美谈（图三、图四）。

后来吕馆长与我私下交流时，说道："我观察了好长时间，

图三　垣曲商城北城墙西剖面

图四　垣曲商城西城墙内墙
　　　基槽

南关地势高而平，处于黄河与亳清河之间，也不缺水，从地望上讲（地形、地貌）怎么也应该是风水宝地，不是遗址也应该是墓地呀！跑了好多次在地面上也捡不到早期的陶片，实在是不甘心。"后来经发掘证实，商代的文化堆积在地面以下1～2米，地面上除了夯土墙外，的确难以见到商代陶片（图五、图六）。

人们说起来，都讲商城的发现具有偶然性，而在我看来，正是因为吕辑书先生的执着和敬业精神，发现商城也是必然的。

我与吕馆长有过长期的交往，以我对他的了解，他没有受过专业的训练，全凭着对事业的忠诚、对工作的负责，超负荷工作，没有什么上级领导给他下达指标要做什么调查、保护，全凭着对文物工作的热爱，自觉地跑遍了全县的山山水水。目前登记在册的文物遗址点，绝大部分是吕馆长完成的。据说著名的下川遗址也是他首先发现的。

由于该区域属于小浪底水利枢纽库区，如果不是吕馆长的这一发现（商城），按工程规划，这里将被大水全部淹没，这样的话，垣曲商城有可能永远不会被发现。吕馆长已去世多年，在这里我们要缅怀这位对文物保护事业做出突出贡献的基层干部。

再说佟伟华，佟先生作为女性考古领队，能够坚持野外考

图五　垣曲商城出土大口尊

图六　垣曲商城出土器盖

古近三十年，仅就这一点，也令人肃然起敬。佟老师对工作的态度是严谨、认真的，她严格要求自己，在管理上坚持原则，具有示范和引领作用。管理工作给她和考古队带来很大的压力，也耗费了比较多的精力。用她自己的话说："需要克服诸多困难，有物质条件的匮乏，有道路不通的阻碍，有经费短缺的窘迫，有银行扣取现金的焦虑，有民工闹事的冲突，有占地赔偿谈判的反复较量，还有野外工作酷暑严寒与风吹雨打的艰辛。"

在这里讲一件事，说明在管理上的艰难，甚至还有一点心酸。有一次，一个临时工人在发掘过程中，不听指挥，工作的积极性、主动性也不够，就把他辞退了。这种情况在当时也很正常，不违反什么规定。但该工人不服气，来考古队闹过几回，这事也就过去了。不想该工人不久得了重病，声言是跟考古队有关系，一定要领导给说法，其实就是要求赔偿。佟伟华老师知道这事麻烦，好言相抚，但坚持原则，一方面经费短缺，另一方面赔偿毫无根据。工人一次次来闹，佟伟华一次次应付。后来事情升级，该工人的亲属，甚至在县里工作的朋友也不断来找，表示如不给个说法就要怎样怎样。此事断断续续持续将近了一年，工人三天两头来闹。佟老师作为领队，此事不能不应对，但的确也没有好的方法来解决。为了息事宁人，又不违反原则，她带人前往对方家里去慰问，并以个人名义送上慰问金，表示同情，希望通过人道主义关怀了却此事，这样多少缓解了对方的怨恨，但他仍表示此事不能过去。大概一年左右，该工人去世。佟老师为了彻底平息此事，以考古队名义派人前往送去花圈和吊唁，勉强地了结了长达一年的纠纷。后来，再提起此事，佟老师跟我讲："小海，为了这件事，我用了最大的努力和最多的精力来应对，那一年是我最痛苦最焦虑的日子，躲也躲不开，为此我几乎都要崩溃了。"说这话时，我感受到她内心的心酸与苦楚。这就是我讲的佟伟华，垣曲商城考古队的领队。

在这里我想说的是，一个重要的、多年的考古项目，要经过长年累月的打磨，要克服许许多多五花八门的困难，到开花结果时可能会带来一些荣耀和成就感，也会得到学界的肯定，甚至还会受到粉丝的追捧，但背后有着多少泪水和辛酸？

前面说了两个人的故事，最后再讲一件事。那就是培养考古技工的事，我觉得也是有意义的。在垣曲古城发掘的最初几年里，业务干部能够在一线参加发掘的只有五六个人，有关技术工作包括分地层、画线、清理灰坑、绘图、摄影、拼对陶片、记录等，全部都是亲力亲为。那时一个技工也没有。但按计划一年比一年的工作量大，再增加业务干部的可能性没有，没有助手显然是困难的，于是着意留心那些积极肯干，品行端正，又有点文化的年轻工人，手把手地讲解发掘的基本知识与技能，耐心地说明地层堆积及遗迹关系的原理，使一些愿学的工人逐步对此产生了兴趣，并多加实践。这样做下来，对于工人而言，既挣到工资，又学到一门技艺，对考古队而言，等于增加了发掘的力量。其实，最初也并非刻意培养工人，但效果非常好，两年下来，好的工人就差不多可以独立开探方了，有个业务干部对复杂的现象做点指导，几乎就可以胜任了。几年下来，像王文武、申红军等几名工人就成了很优秀的技工，完全可以独立地进行发掘，全面地掌握田野发掘的基本知识与技能，再到后来甚至可以胜任编写一般的考古简报。不夸张地说，他们的田野水平远高于大学考古专业的本科生。像王文武、申红军等这样优秀的考古技工，为垣曲商城的发掘和整个区域的文物保护工作也做出了贡献。在这里向他们表示敬意。

作者介绍

海金乐

1957年出生，山西侯马人，曾任山西省考古研究所副所长、研究馆员。长期从事田野考古与配合建设工程的文物保护工作，主要参与了太古白燕遗址、垣曲东关遗址、大同马家小村遗址、灵石旌介商代墓地的考古调查和发掘工作，参与和主持了黄河小浪底枢纽库区（山西部分）、多项高速公路、诸项天然气输气管线等重点工程的考古调查及文物保护工作。独立或合著了《山西大同马家小村新石器时代遗址》《大同马家小村遗存分析》《晋中地区仰韶晚期文化遗存研究》《山西灵石旌介村商墓》《灵石旌介商墓》等学术成果。

灵石旌介商墓考古及其有关故事

海金乐

> 1985 年冬日的一天，
> 一批泛着锈色的青铜器，
> 经过考古学家仔细发掘、清理、绘图、修复之后，
> 最终定格在了山西博物院的展柜中。
> 如果，文物只是简单地用来做展示，
> 也许它的意义不是很大；
> 但如果，它们能够转化成一种能力，
> 让更多的人认识和了解历史，甚至去思考未来；
> 那它就是，考古学家给予我们的一份最有价值的礼物。

灵石旌介商代墓葬正式考古发掘后，该遗址在 1986 年被公布为山西省文物保护单位。由于其在学术上的重要性和影响力，1996 年被公布为国家级文物保护单位（图一）。

说起来很有意思。正如很多考古发现一样，旌介商墓的发现纯属偶然。1976 年，旌介村一户王姓村民（女性，"赤脚医生"），在修建自家窑洞式房屋，掘土时发现了铜器，由于现场混乱，遭到哄抢，流失了一些文物，经公安部门介入，收回大小 30 件青铜器。省文物管理委员会接到报告后，派考古队戴尊德先生前往现场进行调查和清理。由此确认为商代贵族墓葬，但墓葬大部分已被破坏，许多信息流失，只能做一些简单清理。据说遗骨保存尚好，但当时的保护观念比较陈旧，并未做相应的收集保存。此事在当地影响很大，以致后来我们到此进行文

图一 灵石旌介商墓卫
星影像图

图二 灵石旌介商墓
发掘现场图

物钻探时，所有村民都称铜器为"金牛"，从而认为我们是来找"金牛"的（这里需要说明一下，村民之所以称青铜器为"金牛"，是因为有一件青铜觥，外形是兽形，头顶有角）。由此灵石旌介被文物考古部门所重视。1977年秋，我和马刚师傅及李全赦被派往旌介进行为期一个月的钻探。马刚师傅是位经验丰富的老探工，而我与李全赦则是二十出头的小伙子，没有任何见识，只听从马师傅的调遣和吩咐。钻探结果是发现许多凌乱的活土坑及文化层堆积，却未发现明确的商代墓葬。这次钻探收获不大，没有达到预期目标（图二）。

1984年，旌介村先前发现的商墓（76年编号M3）南侧约50余米的位置，有村民建窑烧砖欲大量取土，经钻探发现两座墓，据墓葬形制、结构与填土等情况可确认为商代墓葬。因村里砖窑停工待料，立刻进行考古发掘成为必然选择。山西省考古研究所确定两位副所长陶正刚和刘永生为项目主持人，主要工作人员还有马刚、张俊才和我，并需要常驻工地。另外晋中地区和灵石县也各派一名干部参与组成了考古队，经过紧急的前期准备后开始正式发掘。这时已进入1985年的1月。整个发掘过程纷繁复杂，在此就不一一细讲了，我觉得有两件事值得一说。第一是发掘的方法。这时我已在吉林大学考古专业进修了两年多，重要遗址的发掘也经历过一些，基本掌握了发掘所需的一般技能。该墓地的原地面以下已经取土3~4米。现存墓口已是生土，没必要开探方发掘，顺着墓口向下发掘就无问题，在我的要求下每发掘一层，我们都要亲手刮出一个平面，然后找到墓边，这一点绝不含糊，以防止填土中遗物被破坏，在后来看，用这种方法真的避免了高出棺、椁0.7~1.0米填土中的牛、狗骨架及六件铜矛受到破坏。然后清理墓底时也采用这种方法，保证了墓内所有遗物不会因为人为原因而受到损坏。虽然进度缓慢，但保护第一的原则不能变。第二是当清理到墓底，见到青铜器的那种感觉。当清理到随葬品，尤其是见到青铜器，绿油油一大片，铺满了整个墓底，那种手感、那种抑制不住的兴奋、那种欣喜若狂的心情、那种激动人心的感觉，很难用准确的言语表达。当时的清理者是我和同事张俊才。马刚师傅在地面指导，当马师傅看到这种光景，也按捺不住飞身跳下亲自参加清理。在这里，我很想说，作为一名考古工作者，在一生的考古生涯里，能遇到这种激动人心的场面，并能亲自参与工作，是真正的幸运，也是美好的享受（图三）。

从这一天开始，灵石旌介商墓的消息迅速传播，引起轰动，整个工地现场每天人山人海，难以控制。当时还没有开始做公众考古，如果放到现在，在这里做一场公众考古的活动，相信会取得良好的社会效果。

灵石旌介商墓的发掘持续了一个多月，两座墓共出土各类别文物130余件（组），其中相当一部分是青铜礼器，对出土的文物采取了保护措施，野外考古工作圆满结束。这里值得一提的是，该墓葬的青铜器保存好、质量优、价值高，之所以这样讲是因为青铜器铜质较纯净，器壁厚实，绝大部分完好，无病害，不需修复（价值是指学术价值和艺术价值）。

我们知道，20世纪50年代以来，山西吕梁山一线，像石楼、柳林、永和等地，断断续续发现一些商代青铜器，带有浓厚的商文化特征，当然也有一些非商因素，

图三　灵石旌介商墓 M1 发掘图

对这些零星发现（其中不乏重要文物），学界（北京大学邹衡、中国社会科学院考古研究所张长寿、山西省考古研究所等）一直给予特别关注和跟踪。灵石旌介商代晚期青铜器墓的发现，对于研究和认定这类文化性质、族属、文化间的关系等提供了不可多得的基础资料，因此它的学术价值和重要地位是不言而喻的（图四～图八）。

有关这两座商墓发掘的价值和意义，因正式报告和研究文章都有公开发表，这里就不再赘述。下面讲述一些与此相关的，也十分有趣的故事。

这两座商代墓，能够及时地被发现，得到及时发掘、有效保护，从而推进商文化研究，与一个人有着直接的关系，这个人就是刘永生。刘永生，灵石人，时任山西省考古研究所副所长，也是旌介商墓发掘项目的主持人。1976年旌介商墓发现后，

图四　灵石旌介商墓 M1 出土的铜簋

图五　铜簋的底部纹饰

图六　灵石旌介商墓 M3 出土的兽形觥

图七　灵石旌介商墓出土的青铜卣

图八　青铜卣盖内铭文

刘先生对这个遗址的关注度远高于别人，因其对当地的人情风俗有着足够的了解，与当地许多人熟悉，曾不止一次给县文管所留下话，村里有盖房、烧砖等一切动土情况时，一定要打个招呼，尽量避免破坏古墓的事件再次发生（当时，该遗址还未公布为保护单位，在法律上没有保障）。正是由于这一

措施，我们才及时地了解到建砖窑大量取土的事，其实当时已
经挖掘了一米多的土层。刘永生得知后立即与当地协调暂停了
施工，并组织安排专业人员现场钻探。才使得这两座商代墓比
较完整地保存下来，有条件进行科学的发掘。我在《灵石旌介
商墓》一书的后记中已说到这事，在这里我还想说，如果没有
刘永生的执着、用心和责任感，这两座价值极高的墓葬会像 M3
（1976 年发现的那一座被破坏的墓）一样，遭到破坏，也不会有
后来的科学发掘从而获得完整的资料，当然，也不会有一批精
美的商代青铜器陈列在山西博物院的展柜，供人们欣赏。所以
说，刘永生在这件事上是有功的，应该得到赞赏！

　　还有一位与商墓发掘有关的主要人物，那就是陶正刚先生。
陶先生也是该项目的主持人之一，是我熟知的前辈，主持过省
内许多重大的考古项目，依我对他的了解，他是那种做事风风
火火，粗线条，急性子，待人随和而不拘小节，做事精细不够
但能抓住要点，与年轻人相处从不以长者或尊者自居的人。讲
一件有趣的事：旌介村 1 号墓是一椁三棺，中间是男性墓主人，
两侧女性为其夫人，二女性均侧身向着男性墓主人。

　　一天，一些地方政府领导来工地参观，陶先生现场为大家
讲解，当讲到两侧的女性时，使用了"女同志"的词，我心里
好笑，我们居然还有三千多年前的同志，却不敢声张。而奇怪
的是参观的众人居然也没听出这点瑕疵，他们是把注意力都集
中在这壮观的场景中了。晚饭时我和刘永生拿这话来取笑陶先
生时，陶先生则一概不认账，但态度已不很坚决。他内心清楚
地知道自己口误了。

　　陶先生长于商周考古，对青铜器多偏爱有加，关注度较高，
但对于其他细小的事物则关心不够。他有一个优点，即愿意听
取别人的意见和建议。两座商墓的骨架大部分保存极差，但也
有个别保存尚好，一件鼍鼓朽碎得严重，鳄鱼骨板片零散松
动，应采取加固和套箱等措施进行保护，否则搬运后损坏一定
会很严重。我们提出意见后，陶先生立即与大家协商并拿出方
案，也愿意亲自动手与大家一起进行石膏加固和套箱，以达到

保护的目的。工地临结束时，我觉得还缺一张有地形的实测图，应将包括前后发现的三座墓葬及遗址已知全部的内容进行测绘（当时还没有条件像现在使用的地理信息系统中的全站仪和 RTK 技术）。当时天气已十分寒冷，加之大雪铺地，时间也紧，专门请人也不可能。我跟陶先生提出后，陶先生一脸无奈，最后说，算啦，咱俩自己干吧，他持平板仪，我跑踏尺标，大概弄了一天才把这活干完。陶先生愿意放下身份亲自动手这一点，还是着实让人钦佩的。

最后再说一件事，就是墓葬的现场绘图。大家知道考古工地的资料信息采集，必须完整规范，而现场绘图也是重要的一个环节。我当时是 20 多岁的小伙子，年龄最小，说实话也没有足够的信心来完成这么重要遗迹的绘制（平面图），尤其是绘制的对象确实复杂，再加上天气特别寒冷，条件极差，要干这活的确是件苦差事，实话说，领导也未安排我来做，但也未说派专人来做。看这情形，我只好自告奋勇地说"我来试试"，为了尽力把这活干好，我集中了所有精力，发挥最好的能动性，积极认真地对待这件事。其实在这方面我也没有受过专业训练，但曾经有机会自学和实践过。1975 年左右，我在侯马跟随吴振禄先生发掘上马墓地时，也试着画墓葬图，都比较简单，土坑竖穴，单人骨架，仰身直肢，一两件陶器。有一次吴先生检查记录，看到我画的图，笑说："你画的骨架怎像柴火棒一样？"我觉得很丢人，为此专门从工地把人骨放到办公室，从各个角度观察、揣摩、练习。终于有了明显的进步。有了这个基础，我才敢于一试，但面对如此复杂和重要的遗迹，其实心里也真的没底。

灵石旌介报告送出版社前，各类图必经上墨线才能符合出版要求。当时是由山西省考古研究所李夏廷先生（著名的考古绘图专家）上墨线，我曾经问李先生："你觉得我画的底图能交账吗？"李先生认真地看了一下，用浓重的太原话说："这是我见到的非专业人员画得最认真、最好的图。"我嘴里没说什么，但内心还是很高兴的。后来正式出版的《灵石旌介商墓》平面图的底图就是我 1985 年画的。

作者介绍

海金乐

1957年出生，山西侯马人，曾任山西省考古研究所副所长、研究馆员。长期从事田野考古与配合建设工程的文物保护工作，主要参与了太古白燕遗址、垣曲东关遗址、大同马家小村遗址、灵石旌介商代墓地的考古调查和发掘工作，参与和主持了黄河小浪底枢纽库区（山西部分）、多项高速公路、诸项天然气输气管线等重点工程的考古调查及文物保护工作。独立或合著了《山西大同马家小村新石器时代遗址》《大同马家小村遗存分析》《晋中地区仰韶晚期文化遗存研究》《山西灵石旌介村商墓》《灵石旌介商墓》等学术成果。

与曲村有约
——记考古学家邹衡先生

吉琨璋

> 我热爱考古学，执着于考古学，迷恋于考古学，要献身的也是考古学，甚至不可须臾离开考古学。可以说，考古学就是我的人生观。
>
> ——邹衡

1990 年 1 月 27 日是农历庚午马年的春节，与中国千百年来任何一个春节一样，阖家团圆，到处充满了喜庆祥和。除夕夜，电视里照例是火爆的春节联欢晚会。但这一年的春节对于邹衡先生来说，却很不一样，因为这个春节他是在曲村度过的，留下陪邹衡先生一起过年的还有李伯谦老师。这里没有电视机的喧哗，没有午夜时分鞭炮的轰鸣，陪伴他们的只有青灯、一大堆考古资料和一些尚未完成的手稿。大年初六是个大雪天，远在北京的刘绪老师忙完了手头的事儿，也赶了过来，山西省考古研究所的杨富斗先生在侯马的家里设宴款待了几位先生，算是邹衡先生和他的弟子们在这个春节里最丰盛的一顿年饭（图一）。

是什么促使他们放弃了京华温馨的家庭团聚，却要在晋南一个偏远的小村过年呢？

是一本考古报告！

2000 年，大型考古报告《天马—曲村 1980—1989》面世，8 开面、函装、四大本、1124 个页面，这是集十年的青灯黄卷和数十人之力才完成的（图二）。至今，这部报告仍然是国内所有发表的考古报告中最重要的一部，无出其右，享誉学界！这

图一 邹衡先生与曲
村房东

图二 天马—曲村考古
报告

部鸿篇巨制由邹衡先生主编，参加者有北京大学的李伯谦、刘绪、张辛、王迅、徐天进、孙华，现在上海博物馆的宋建，山西省考古研究所的叶学明、罗新、田建文等。而涵盖的资料是自1980年以来北京大学和山西省考古研究所合作在曲村—天马遗址的十年发掘内容。"为我们作为考古工作者怎样对待田野考古和怎样编写考古报告树立了一个光辉的楷模"，张忠培先生如是说（图三）。

可以说，这部大型考古报告渗透了邹衡先生的心血，也倾注了邹衡先生对考古事业的执着和对曲村的钟爱，我们需要梳理一下邹衡先生的治学历程才能更深刻理解这一点。

邹衡先生是湖南人，1947年7月考取北京大学，学法律，1949年9月，22岁的他放弃了法律系，转入史学系，从此开始了考古生涯。邹衡先生受教于向达、张政烺、郭宝钧、夏鼐诸

图三　天马—曲村考古报告编写班子

位先生，1952 年被推荐为北京大学即将成立的考古专业第一个研究生，攻读副博士学位，步入考古学术殿堂，师从中国科学院考古研究所郭宝钧先生，由苏秉琦先生具体指导。1952 年 10 月，他参加了中央文化部、中国科学院考古研究所、北京大学举办的"全国第一届考古工作人员训练班"，也就是俗称的考古界"黄埔一期"。

邹衡先生一生就是教书和考古，在谈到他的学术历程时，邹衡先生说："在郭沫若的著作中，我发现他在中国上古史研究中有三大难题没有解决，致使他终身遗憾，我肩负这三大难题走上考古的征途，并决心为此一辈子！"这三大难题就是殷商前期的历史、先周文化的历史以及夏文化问题。邹衡先生发现，这些难题在文献里面不可能得到解决，只能走考古之路，这也是促使先生走上考古征途的动力。这种铁肩担道义的学术使命感终于使邹衡先生成为一代大家，造就了一个时代！

从此，他走上了考古的道路，与考古打了一辈子交道，他的足迹遍布北京、河南、河北、山西、山东、陕西、内蒙古、辽宁、湖北、湖南、四川、江西、江苏、浙江、新疆等十多个

省、市、自治区，他的
考古身影出现在重要的
遗址和考古工地。他热
爱考古学，执着于考古
学，迷恋于考古学，献
身于考古学（图四）。

图四　邹衡

　　天道酬勤，天道是
公正的。邹衡先生的不
懈努力结下了丰硕的成果，在上述三个大课题方面，他的建树
都是空前的：商文化方面，他首次科学论证了郑州商文化与安
阳商文化的分期及年代早晚；提出郑州商城是早商文化，为商
汤所都之亳；对殷墟文化进一步分期并自成一家。夏文化方面，
首次提出二里头遗址一至四期是夏文化，关于这一点的论战持
续了几十年，最终殊途同归，他的观点为学界广泛接受。周文
化方面，首先提出先周文化的命题并作深入研究；首次预见北
京房山琉璃河遗址是一处燕都遗址；慧眼独具锁定山西曲沃、
翼城一带是晋国的核心腹地，带领北京大学考古专业师生扎根
这一带；发掘曲村—天马遗址，初步建立了晋文化编年体系，
为后来确定该遗址为晋国西周时期都城的性质奠定了基础，为
探索晋国始封地找到线索。

　　是什么促使邹衡先生把他的学术眼光放到了曲村呢？

　　20世纪70年代以后，邹衡先生结束了他在夏商领域的纷
争，他的关于郑州商城是商汤所都之亳、偃师二里头遗址四期
是夏文化的学术观点在学术界引起了大讨论。在硝烟还没有散
去时，邹衡先生的研究重点就逐渐由夏商研究转向探寻西周封
国。他把学术眼光放到了晋南地区，把精力集中在寻找早期晋
都上，专注于晋始封地的考古探索。

　　晋国是周初封建的一个诸侯国，西周时期偏于晋南一隅，
东周时期跃然国际舞台之上，成为主导历史发展、引领华夏文
化的霸主。那么，晋国的始封地及数次迁徙的都城都在哪里
呢？司马迁在《史记·晋世家》说到晋国的始封地时也仅寥寥数

语——"河汾之东，方百里"，使之成为两千年来的悬案，但这个问题却始终萦绕在邹衡先生的心头，他决心一探究竟。

事实上，早在20世纪60年代前后，侯马的考古发掘正在如火如荼地进行，大量的考古资料指向这里就是晋国晚期都城绛都——新田。那么，早期都城在哪里，始封地又在哪里呢？1962年冬季，侯马考古会战之余，大家出去调查，发现了天马遗址，亦即后来的曲村—天马遗址。次年，山西省文管会张万钟先生带领北京大学考古专业的四位学生又在天马村西、三张村北进行了试掘。但是，当时谁也没有想到这里就是晋国西周时期的都城所在地，谁也没有想到其后的发现轰动学术界！

1979年秋，邹衡先生和李伯谦老师带领北京大学历史系考古专业76级的7名学生来到晋南地区开展考古工作，他们是带着思路和问题来的。首先对运城、临汾两市的翼城、曲沃、闻喜、洪洞等地进行了大量的考古调查，在分析获得的大量资料后，邹衡先生敏锐地意识到曲村—天马遗址内涵最为丰富，时代也相对集中，以西周时期遗存为主，于是他将目光聚焦到了曲村，也由此拉开了曲村考古的序幕。这次为期一个半月的考古活动之后，邹衡先生主笔写下了《翼城曲沃考古勘察记》，刊载在北京大学考古系编写的《考古学研究》中，结尾从文献角度系统梳理了两千年来有关晋国始封地的记载并提出自己的观点（图五、图六）。

自1980年起，北京大学历史系考古专业师生和山西省考古研究所合作以此作为学生实习基地，每隔一年进行一次大规模发掘。到1989年，已经进行了7次大规模发掘，获得了大量资料，也增进了对这个遗址的认识。

1989年，北京大学在曲村的发掘告一段落，十年的发掘，积累了大量的资料，邹衡先生和他的弟子们开始着手整理出一部涵盖曲村—天马遗址内涵的考古报告（图七）。时年底，考古资料的整理拉开帷幕，参加整理的还有北大的张辛、王迅、徐天进、孙华等人。考古人都知道，整理资料的艰辛甚至超过了发掘，这是一段辛酸的日子，前面所说的邹衡先生与李伯谦先

图五　曲村—天马遗址远景

图六　曲村航拍图（摄于 1984 年）

图七 邹衡在北大整理
曲村资料

生在曲村过年就是其中的一幕。其实，不唯如此，1996年，在报告的草稿完成后，邹衡先生为了加快进度，甚至在学校教研室设置了一个行军床，食宿在此，即使是离家不远，也不回家。可以设想，如果不是邹衡先生抓得如此紧，报告出版也许要迁延时日。谈到邹衡先生为了整理资料在曲村过年，刘绪老师感叹道："老一代的人在这方面做得比我们更好！"2015年夏季，当年整理报告时还是三十出头的年轻人，而今已是年近花甲的徐天进教授带领一群博士生、硕士生到曲村考古资料库房观摩，看着至今还挂在墙上的他当年亲自绘制的陶器分型分式表格，内容庞杂、字迹隽永，连连感叹："不堪回首！不堪回首！"

邹衡先生对曲村的感情常人难以想象。80年代后期，神州宇内盗墓风起云涌，短短几年，大量重要墓葬惨遭盗掘，曲村亦未幸免。邹衡先生看到盗墓的情况，痛心疾首，以一介书生，与弟子们四处奔走，到地方敦促，在高层呼吁，不惜得罪地方，不惧盗墓犯罪分子的猖獗。1992年就曲村—天马遗址多年来连遭盗掘向国务院汇报，终于促成了1994年、1995年山西省大规模打击盗掘古墓犯罪行动。只是，毕竟位微言轻，待终有行动时已晚矣！曲村北的晋国贵族墓区、平民墓区上万座墓葬大部分被盗掘，北赵晋侯墓地9组19座晋侯和夫人的墓葬被盗近半，十多座高等级陪葬墓也几乎被盗一空。三千年晋国故都，三千年祖宗茔地，盗坑累累、满目疮痍，岂不令人唏嘘哉？！然，若非先生登高振臂一呼，会有幸存乎（图八）！

"2005年12月27日21时，邹衡先生走完了他人生的最后一段旅程，永远地离开了他所热爱的事业，也离开了我们，其时，细碎的雪花从深邃的夜空悄然散落，漫空飘零，润物无声……"《考古学家邹衡》一书的作者、邹衡先生的弟子李维明当时记下了这一幕。

邹衡先生走后5年，故宫博物院前院长、著名的考古学

图八　晋侯稣鼎

家张忠培先生在《中国文物报》发表了一篇题为《还是要向邹衡学习》的文章，这样总结邹衡先生，"从1958年以来大学毕业凡从事商周考古专业的中外学者，无不出自他的门下，得过他的教益，考古科研与教学成了他的第一生命"。张先生又说，"邹衡创立的这崭新的新三代考古学体系，刷新了纪录，超越了前人，在同代人中处于领先地位，邹衡身后的人，不能和邹衡接踵，仍存在相当的距离"。张忠培先生也于2017年7月5日去世，他们都是湖南人，又都从事考古事业，是志同道合的挚友，一路同行！

《考古学家邹衡》一书又是这样定位邹衡先生的，"邹衡先生通过长期艰苦的实践，集毕生精力构建起夏商周考古学文化研究框架，引领夏商周考古学研究潮流，对中国夏商周考古学发展做出巨大的贡献，国内学者称他为：中国著名考古学家、商周考古学第一人，并以丰碑、巨星、大师、楷模相喻……邹衡先生的离去，结束了一个时代，一个只属于他自己的时代，一个英雄的时代。"

作者介绍

吉琨璋

毕业于北京大学考古学系，现为山西省考古研究所研究员，从事田野考古三十余年，研究方向为中国青铜时代、晋文化。参加和主持绛县横水1号墓葬、曲沃羊舌晋侯墓地、北赵及晋侯墓地1号车马坑等多项重大田野考古发掘，曾获得国家文物局颁发的田野考古一等奖、三等奖。主要成果有：撰写了《侯马乔村墓地》《中国出土玉器全集·山西卷》《中国玉器通史·周代卷》等多部大型报告及图书，发表了《周代棺椁装饰研究》《说璋》等数十篇相关领域的研究文章。

与晋侯有约
——记著名考古学家李伯谦教授

吉琨璋

> 考古如人生历程一样，是曲折多样的，不可能一帆风顺，有时需要转换方向才能通行，但最重要的是要有坚定的信念和不畏难的勇气。
>
> ——李伯谦

图一　李伯谦先生

2001年11月中旬，晋南的冬季已经来临，天还不算冷，但在一天天变寒，在一个寒霜凝结的早晨，位于曲沃县与翼城县交界处的曲村—天马遗址北赵村南的晋侯墓地陪葬墓发掘工作开始了。

这次发掘的主要对象是晋侯夫妇的陪葬墓，探明的陪葬墓总数有18座，在上一年的冬季曾经发掘过几座，这次的任务是将剩余的几座清理完。参加发掘的有北京大学考古文博学院在读研究生王力之、梁云、颜孔昭和山西省考古研究所业务人员孟耀虎、商彤流、吉琨璋等人，领队是李伯谦先生（图一）。

说起李伯谦先生，大家并不陌生，他是北京大学教授，著名考古学家，河南郑州荥阳东赵村人。比较有意思的是，东赵村就是一个内涵丰富的遗址，时代从龙山晚期到两周时期，自2005年始，北京大学考古文博学院和郑州市文物考古研究院合作发掘，此项工作入选"2014 年度全国十大考古新发现"。

李伯谦老师 1956 年考入北京大学历史系，一年后进入考古专业，1961 年毕业留校，曾任北京大学考古学系主任、北京大学考古文博学院院长等职。他参加过的正式考古发掘有 20 多次，重要的遗址有新石器时代的陕西

图二 1979 年，李伯谦在山西侯马工作站整理调查资料

华县元君庙、青海乐都柳湾，青铜时代的河南偃师二里头、安阳殷墟、北京房山琉璃河、湖北黄陂盘龙城、山西曲沃曲村等，考古调查 50 余次，足迹北至黑龙江，南至广东，西至青海，东至山东。

对于曲村一带，李伯谦老师并不陌生，甚至可以说非常熟悉，这是因为早在 1979 年，邹衡先生即率领北京大学历史系考古专业师生到这里作第一次调查。那年，四十出头的李伯谦老师作为带队老师辅佐邹衡先生，当时是住在翼城的天马村（图二）。

翌年，北京大学把这里作为实习基地，李伯谦老师受命与山西省考古研究所的同志打前站，第一个来到曲村。从那个时候算起至今，李伯谦老师在这里的时间前前后后加起来有一二十年之久，其中还有个春节是和邹衡先生在曲村一起过的（图三）。

记得不止一次地听到李伯谦老师说起首次到曲村的经历：那时候是计划经济时代，到哪里工作都得持有单位开具的介绍信和粮票才能解决吃住问题。持着北京大学的介绍信先到曲村公社，公社则打发他们到村里，村里干部拿着介绍信端详了半天，自言自语道："考古？是干什么的？既不是打井的，也不是

图三   1984年在曲村
实习的北京大
学师生

工作队，怎么办呢？干脆这样吧，你们到三队去吧。"这个队的
队长更简单，打发他们到了一户农家，他们这才在这家安顿下
来。这家刚办了丧事，大家吃着办事剩下的开了花的馍馍，住
到一间空房里的大炕上，夜里却越想越不对劲，感觉这间房子
可能就是刚走了的老太太生前住的房子，这炕就是老太太住过
的炕。恐惧笼罩着几个考古人，没人敢睡，于是靠打扑克渡过
了曲村的第一夜。这就是那个时代考古工作环境的真实写照，
考古队在80年代初一直都是住在老乡家里，直到1985年建立
了考古队基地，住宿问题才彻底得以解决。

　　80年代，李伯谦老师多次作为主要的辅导老师带领学生在
此实习，我们北大考古系82级同学在曲村的实习都是由李伯
谦老师、刘绪老师等带队完成的。北大师生在这里卧土炕，通
民情，可以说，熟悉曲村的山山水水、沟沟坎坎、土质土色、
鬲盆豆罐（图四）。

　　这是一个令人向往的地方，无论国内国外，凡是做商周考古
研究、晋文化研究的学者，都不能忽略、跳过曲村，大学讲堂、
教科书都会浓墨重彩地提到曲村，苏秉琦先生曾形象地把曲村、
侯马比作上寺、下寺，四方云游的和尚都要到这里念经拜佛。这

图四　李伯谦与1988
年在曲村实习
的学生（摄于
2008年）

里复杂的地层堆积、丰富的文化内涵成了训练田野考古技能、陶
冶性情、考验意志的良好场所和教材，是考古的圣地。

这也是一个令许多人一辈子不能忘怀的地方。1979年试
掘之后，从1980年开始，北京大学与山西省考古研究所合
作，把这里作为学生考古实习基地，仅80年代的六次大规模
发掘，就有8个年级147位本科生、硕士生、博士生在这里实
习。如今，许多从这里走出的莘莘学子都已经成了行业骨干、
专家学者，有的还很知名。大家从这里起步，走向事业的田
野，走向生命的云端；人们对它魂牵梦萦，这里已经成了他们
的精神家园。

80年代的发掘主要集中在曲村北的墓地和曲村东北的遗址
区域，收获颇丰，对该遗址性质的认识愈来愈接近史实。80年
代末，盗墓之风席卷全国，曲村亦未幸免，在遗址中心区域的
北赵村南发现了高等级的墓葬，亦即后来著名的北赵晋侯墓地。

晋侯墓地的发现可谓石破天惊，多年来苦苦寻求的晋侯终

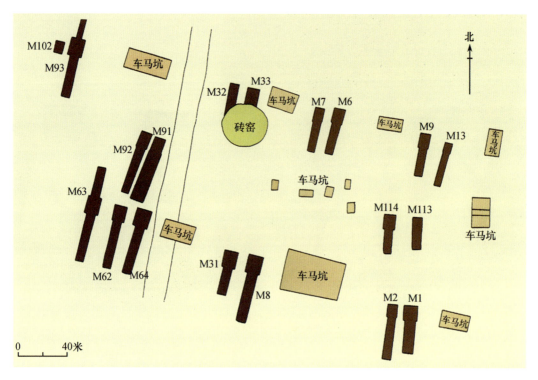

于找到了。北京大学与山西省考古研究所组成联合考古队，由当时北京大学考古学系主任李伯谦老师任队长，1992年的春天开始进行发掘，前后组织了六次大规模发掘。至2000年，最后一组晋侯夫妇墓M114组，亦即晋侯燮父的墓葬清理完成，总共发掘了九组十九座晋侯和夫人的墓葬，出土了大量的青铜器、玉器，青铜器上有大量的铭文，其中有6位晋侯的名字，可以与史料相联系。通过对墓葬形制、出土青铜器、陶器、铭文分析，考古学家们认为这里是埋葬着晋国从晋侯燮父到晋文侯的9位晋侯和夫人的陵寝。这项结论对于晋国西周时期的历史至关重要，也及时地为正在进行的"夏商周断代工程"子课题"西周列王年代研究"提供了很好的材料（图五）。

围绕着晋侯夫妇墓葬，尚有十多座陪葬墓，很多都已经遭到盗掘，需要进一步清理发掘，这次发掘可以说是对晋侯墓葬墓地最后一次的大规模发掘。

进入发掘工地伊始，按照惯例，由领队给大家安排工作任

图六 李伯谦与吉琨璋

务，李伯谦老师安排孟耀虎负责清理 M129，我负责清理 M127 号墓葬，大家各有分工，而作为领队的李伯谦老师也给自己安排了一个工作——清理本次发掘的陪葬墓中最大的一座 M134。要知道，此次发掘的人员除了我们之外还有几位熟练技工，技术力量足矣，作为领队是不需要亲力亲为了，但李伯谦老师仍坚持自己亲手发掘，当然，作为考古人，都希望能亲手发掘出重要的遗迹、现象，那是一种自豪和荣耀，难道是这样的考古情结驱使吗？不，我觉得是李老师在用行动默默地证明着什么（图六）。

M134 是一座土圹竖穴墓葬，在西周也算是中型墓了，直上直下，深近 10 米，由墓口向下望去，如从四层楼向下看，令人晕眩。墓很深，工作人员每次上下靠梯子，梯子有硬梯和软梯，硬梯是竹木或者铝合金做的，还好使用，软梯是绳子做的，就不太容易控制了，上下时有打秋千的感觉。无论硬梯还是软梯，在上下时都得小心翼翼，抓紧蹬实。80 年代，李老师在一次下墓葬快到了底部时，手一滑，闪了腰，至今留下了腰疼的病根。有时候大家为了省事就干脆乘小吊车上下，小吊车是村里常见的简易独臂吊，由一个电动葫芦、一根钢管、一个滑轮、一卷钢丝缆绳组合在一起，支起来，下端安装一个吊钩就齐了，本来是用来出土的，干活的民工们有时为了图省事，就乘小吊车下墓，脚踩在筐子里，手紧紧抓住钢丝缆绳，电闸一开，就下去了，快是快了，但却更危险了，稍有闪失，后果不堪设想！李老师有时候也乘小吊车上下，记得每次看李老师乘吊车上下，心都揪起来，捏一把汗，唯有心里默默祈祷平安，看到他平安落地或上到地面，才轻轻地出口气，但见得多了也麻木了。一次，一位来看他的县里的朋友恰好看到这一情景，惊讶不已，责备我们不该让老师这样，我们报以苦笑（图七）。

M134 棺椁保存较好，随葬品也很丰富，有青铜器、玉器和漆木器，李伯谦老师每天在墓里工作好几个小时，熟练地用手铲、毛刷清理各种遗迹现象，绘制墓葬形制的平、剖面图，棺椁遗迹图，随葬品平面图，坚持自己去做每一个步骤，发掘到了后期，已经是天寒地冻，不得不在墓底生上了火炉，即使如此，仍然呵气成冰，绘图时戴着手套不

图七　李伯谦先生在晋侯墓地1号车马坑发掘现场

方便，只能徒手进行，不时地搓搓手，缓和缓和几近冻僵的手指接着工作。在最后环节取器物的时候，所需标签都是李老师自己动手一份份填写。最终，一份完整、清晰的考古工地发掘资料呈现在大家面前。目睹这一切，前面提到的地方上的朋友也为老师的敬业精神赞叹不已！

李伯谦老师教了一辈子书，做了一辈子考古，可以说，教书育人，潜心考古，著书立说贯穿他的一生。他一生主要学术成就都体现在专著《中国青铜文化结构体系研究》《文明探源与三代考古论集》之内，他提出的考古学研究中的文化因素分析法在具体考古实践中正愈来愈显现和发挥其巨大的作用！尤其可贵的是，李伯谦老师在古稀之年，又针对青年学者写下了《感悟考古——写给青年学者的考古学读本》一书，对后学拳拳之心眷眷之情跃然纸上，读后无不为之动容。

说起是如何走上考古道路的，李伯谦先生这样写道，大一学期末要选专业，各个专业的老师都动员大家报考本专业，考古专业来动员的是吕遵谔老师，告诉大家考古专业可以游山玩水，与中国史专业、世界史专业相比，不仅能多学东西，而且还可以照相。李老师说道："那时候年龄小、玩心大，和要好的同学一商量，就报考了考古专业，学了考古，其实当时对考古知道的并不多。说实在话，同今天的学生相比，知识面窄，尤其像我这样从农村来的同学。今天考古专业的学生入大学前肯定都知道考古是干什么的，可那时，我们真的是一知半解，觉

得好玩儿，就来了。"

这里面没有豪言壮语，没有远大雄心，只有朴实的想法，但这朴实的想法背后却是脚踏实地的付出，一干就是一辈子，并且做出很大成就，而今已是八十高龄的李伯谦老师，在业界已经是泰斗级人物了，仍然奔赴在全国考古第一线，很多重大考古现场都能看到他的影子。

与李伯谦先生有过交往的人无不为他的温文儒雅君子之风所折服。他率真、坦荡、人情味浓，待人坦诚，提携后学。

2017年5月，山西博物院"晋界"讲坛请李伯谦老师登台演讲，题目是"晋国、晋文化漫谈"，再一次给大家讲解当年的晋侯墓地发掘，解读晋侯墓地，解读晋文化，不时引起场内阵阵掌声，掌声就是大家送给他最好的礼物，就是大家对李伯谦老师最好的赞誉！

作者介绍

吉琨璋

毕业于北京大学考古学系，现为山西省
考古研究所研究员，从事田野考古三十
余年，研究方向为中国青铜时代、晋文
化。参加和主持绛县横水1号墓葬、曲
沃羊舌晋侯墓地、北赵及晋侯墓地1号
车马坑等多项重大田野考古发掘，曾获
得国家文物局颁发的田野考古一等奖、
三等奖。主要成果有：撰写了《侯马乔
村墓地》《中国出土玉器全集·山西卷》
《中国玉器通史·周代卷》等多部大型
报告及图书，发表了《周代棺椁装饰研
究》《说璋》等数十篇相关领域的研究
文章。

闻喜上郭发掘

张崇宁

> 闻喜，人杰地灵，历史悠长。
>
> 史载：河东郡闻喜，故曲沃。
>
> 公元前745年，晋昭侯封其叔父成师于此。
>
> 公元前111年，汉武帝途经于此，闻南粤大捷，改曰闻喜。
>
> 20世纪七八十年代，考古学家们又相继来到这里。
>
> 过去、现在、将来，也许真正让人沉溺于此的是历史、是知识和极致的考古精神。一鼎、一盘、一匜，传承了我们的文化记忆，也让岁月有了灵魂……

清乾隆版的《山西志辑要》："春秋时晋曲沃，秦为左邑，汉武帝于此闻南粤破改曰闻喜，隋改为桐乡，唐复为闻喜。"

《左传·庄公二十八年》："曲沃君之宗也。"

《左传·僖公三十二年》："冬晋文公卒，庚辰将殡于曲。"即是说要把晋文公安葬在曲沃（图一）。

总的印象，闻喜这地方比较乱，但地下文物却十分丰富，

图一 曲沃

时代延续也长，但并未发现能说明问题的东西。1988 年底接受领导安排来到闻喜县上郭村，我是中途插进来的，单位的职工马刚师傅已经在这里工作过一段时间了，我到达之前他已经带人在闻喜邱家庄发掘了一座战国墓，我到时马师傅让我看了他们发掘出土的文物，有玉器、青铜箭镞等。

闻喜县的这两个村庄（邱家庄和上郭村）相距 2.3 千米，邱家庄在东北方向，上郭村在西南方向，两村都位于一段从东北向西南延伸的丘陵地带——当地称之为"鸣条岗"，这样的一种地形使得当地无论是现在的民宅还是古代的墓葬，其角度都偏转了 45° 左右，也就是说方向都不是正南正北的。两村庄的西北方向是一段谷地，涑水河同样由东北向西南流过。

《汉书·地理志》："河东郡闻喜，故曲沃。"晋昭侯封其叔父成师于曲沃说的就是这里。晋昭侯时期在中国历史断代上已进入春秋时期，我们发掘的文物大体也属于这个时期。

1984 年我在侯马北坞考古工地参加发掘工作，当时的工地负责人叶学明接到一份来自闻喜的信，信中说到在闻喜官庄村通往上郭村的乡村路旁的断崖上发现了一处车马坑遗迹。当时叶学明派我去了解一下，于是我随同一名技工到了那里。的确，在一段乡村土路旁，一处高出路面约三四米处发现确有两个车轮遗迹，当时条件差，仅用相机拍下了几张黑白照片，随着时间的推移，这些当年的小路如今也不知是否存在。

车轮高出路面 3 到 4 米，这一现象说明，即西周时期的地面现已经不存在了，因为车马坑不应悬在半空中，根据以往的经验，西周时期车马坑一般比墓葬要浅点，车轮下沿应接触坑底部，那么，这处遗迹说明当年的车马坑所在的位置如今已经被切去相当多的土方量了，致使当年的车轮痕迹悬挂在半空（图二）。

图二 车轮遗迹

从 1974 年开始我们单位在此发掘（好像在这之前也有过发掘工作，但

图三　工作人员在考古
　　　工地

图四　文物发掘现场

没看到文字记录），发掘者是朱华，他发过简报，钻探结果是380余座墓，清理24座，其中最大的墓葬为长6.5、宽4.8、深7.9米，有的墓还有积石积炭（图三、图四）。

1976年发掘了16座，发掘者为李夏廷，那次发掘墓葬规模不大，最大的也不过3.5米×2.3米。

1989年的发掘者为张崇宁，共清理墓葬36座，最大墓葬为4.8米×4.2米，这么多的墓葬中仅有一座墓出土完整礼器一套，但也仅是1鼎、1盘、1匜，规格也不高（图五）。

从1974年开始到1989年最后一次发掘，这里没有发现过大型墓葬，有个别中型墓葬，从尺寸上看不算小，但未发现带墓道的墓葬，而这些中型墓葬中多数不见成套的礼器，在发掘中还发现有些墓古代就有被盗掘的现象（图五）。

1974年到1978年的发掘中出土几件带铭文的青铜器，1件"荀侯匜"，1件"贮子匜"，1件"董矩甗"，1件"陈信父壶"，前两件器物，一是荀国器，一是贾国器。荀国及贾国这两个国家在史料上都有记载，闻喜这地方既不是古代荀国，也不是贾国，但古代国家之间器物的流通、赠送、缴获、贿赂等事情是常有的（图六）。

荀国，即郇国，是位于今山西省汾河流域的一个诸侯国。西周初期，周公旦将周文王姬昌的第十七个庶子姬葡封于郇地，在周朝"公侯伯子男"五等爵位中，为伯爵，史称郇伯，建有郇国。因地近中条山下的盐池，所以其专职是控制和管理重要战略物资食盐的生产与运

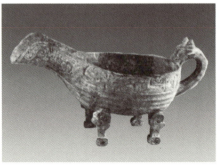

图六 荀侯匜、贮子匜及铭文

图七 匜鼎

输，后史简笔为荀国。荀地，具体位置在今运城市新绛县东北之临汾故郇城。荀侯匜，正是荀国贵族之物。

那么，贮子匜又是属于哪里的呢？贮子匜上的"贮"，据考古学家李学勤、彭裕商先生考释，为"贾"。也就是说，贮子匜是出自贾国的器物，"贮子匜"也可称为"贾子匜"。

贾国，与荀国一样，也是一个姬姓封国。西周时，周康王把晋国开国君主唐叔虞的小儿子姬公明封于贾，建立贾国，号贾共公，作为周朝的附庸国。爵位也与荀国相同，为伯爵。但此匜为"贾子"，或应该是子爵。

史书中记载晋昭侯将叔父封于此地，但是在考古方面还没有发现相应的实物证据，所以也不好给它们下一个明确的定论。

在这里的出土器物中有一特别现象，几次发掘，出土许多带流的小铜鼎，被称作匜鼎，共 11 件，这种器形在国内其他地方不多见（图七）。

这次出土器物中最为重要的一件应该就是"刖人守囿"青铜车，这件器物的面世，引起当时文物界的震动。出土后带回山西省考古研究所，所里的文物修复室很快将其修复。这件青铜器构造很特别，它上面还有动物，有鸟、有猴子，还有一些

图八　"刖人守囿"车

老虎，另外还有六个车轮，可以拉，可以走动。有关"刖人守囿"车的图文刊行于《中国文物报》，该报将其刊发于头版头条，并另加副标题"中国青铜器家族中又添新成员"。之所以说是"新成员"，就是因为在此之前，国内从未见过这样造型的青铜器。它不仅展现了西周时期中国青铜铸造业水平的鼎盛，而且还反映了与历史记载联系紧密的社会刑罚，是在历史、艺术、科技三方面具有极高价值的精湛工艺品。由于这件器物造型特殊，所以对它的命名不仅要非常精当而且要有据可依，经得起考验。在以后的刊物中也多次提到这件"刖人守囿"铜车，尽管大家从不同的角度对它进行探讨、研究，但所用名称皆不否认我最初所给的名称，皆为"刖人守囿"（图八）。自文章发表二十多年来尚未见到不同的意见。

张崇宁

1954年出生，山西介休人。现为山西省考古研究所研究员，从事商周时期的田野考古工作，参与及负责的重要考古发掘有：临猗程村东周墓地、闻喜西周墓地、曲沃北赵晋侯墓地、长子鲍店战国大墓、长治市黎城县西周墓地。发表论文有《"刖人守囿"六轮挽车》《故绛管窥》《铜奔马正名》等。

侯马晋国遗址 70 年
考古纪略

谢尧亭

文物承载着岁月的灵魂；
记忆让历史有了温度。
这里有一只话筒和几个故事，
慢慢和你聊一聊旧时光。
新年伊始，
我们的坐标：侯马。
这里有着"考古圣地"之称，
古为晋国晚期都城，
这里"土厚水深，居之不疾，有汾浍以流其恶。
且民从教，十世之利也"。
70 年来，
无数考古人在此用青春、汗水与眷恋，
书写了只属于他们的"芳华"。

我在侯马工作、生活了 23 年，这里是我前半生驻足时间最长的地方。侯马原来是一个镇，属于曲沃县管辖，1956 年设为市，曾经是全国最小的城市，现在也仅有 20 多万人口，但侯马在文博考古界名声很大，有"考古圣地"之称。很多人都以为侯马是个地级市，原因就在于这里曾经是晋国晚期的都城——新田，新田是当时的地名，其实晋国的都城名字叫新绛。

新绛都城在新田，最早记载于《左传·成公六年》，也就是公元前 585 年，这一年夏天四月丁丑日迁都到这里。为什么选择在这里建都呢？因为这里"土厚水深，居之不疾，有汾浍以

图一　侯马新貌

流其恶。且民从教，十世之利也"，就是说住到这里少得病，有汾河和浍河把那些不好的东西都冲走了，风水好，而且民风淳朴，听从教化。这个说法很有意思，今天的侯马市就是一座非常宜居的文明城市。侯马晋国遗址之所以几千年来保存较好，原因是晋国之后，这里没有再作为政治中心，直到中华人民共和国成立以后在这里新建城市（图一）。

为什么要在这里建城市呢？ 20 世纪 50 年代，苏联专家将一座工厂的厂址选在了这里，正好选在了当年晋国都城的核心地带。因此，山西省文物管理委员会 1956 年在这里设立了侯马工作站，第一任站长是畅文斋先生（图二）。1952 年山西省文教厅崔斗辰副厅长骑着毛驴路过侯马，在路边断崖上见到了堆积很厚的陶片层，认为这里很重要，属于古代的遗址，随后中央和省里组织了几次大规模的调查，发现这里不是一般的遗址（图三）。

1960 年 10 月，为了支援侯马工厂建设，国务院专门下发了《关于加强侯马地区古城遗址的勘探与发掘工作的通知》，将侯马地区的考古工作列为全国重点，抽调中国科学院考古研究所、中国历史博物馆和河南、山东、江西、广东、上海、陕西、甘肃等省市文物部门的考古力量前来支援侯马考古工作，组成了以张颔为队长，畅文斋、张彦煌和黄景略为副队长的考古发掘队，文化部文物局王书庄副局长和谢元璐先生亲临指导工作。1960～1963 年大规模的考古发掘工作被称为侯马考古"大

图二　畅文斋站长向谢
觉哉先生介绍

图三　侯马铸铜遗址

会战"，发掘了我国东周时期规模最大、保存最好、出土遗物最多的侯马铸铜遗址。期间，中央政治局委员、北京市市长彭真，山西省委书记陶鲁笳，文化部文物局局长王冶秋，北京大学苏秉琦，文化部文物局谢辰生，中国戏剧家协会主席田汉，中山大学容庚、商承祚，故宫博物院顾铁符，吉林大学于省吾等多位先生陆续前来指导工作。可谓侯马晋国遗址考古的第一个黄金时代。

　　通过这几年的"大会战"，不仅抢救发掘了大量的文物，为侯马晋国遗址的年代学研究奠定了基础，更重要的是，在这里锻炼和培养了一大批考古学家。这些人后来大都成为全国各省市的业务骨干和学术带头人，像广东的麦英豪先生，江西的陈文华、彭适凡先生，河南的杨育彬、李京华、赵世刚先生，浙江的劳伯敏先生，福建的陈存洗先生，辽宁的辛占山先生，河北的孔哲生先生，还有中国科学院考古研究所（现中国社会科学院考古研究所）、中国历史博物馆（现中国国家博物馆）、故宫博物院、中国历史研究所等单位和山西的一大批考古学家，举不胜举。其中，叶学明和张守中等先生与家人两地分居，在侯马工作了数十年，每谈及此，老一辈考古学家的这种敬业和奉献精神令我辈动容（图四～图六）！

1961 年春节期间，工地只休息几天，很多外省来支援工作的同志就在工作站过年，谢元璐先生也在上马墓地发掘工地度过了 1962 年春节，其情其景，令人不胜感佩！据老一辈考古学家讲，当年考古"大会战"期间，人多到每天上下工排很长的队伍，由于遭遇"三年自然灾害"，细粮很少，中午食堂送两个窝窝头就算一顿饭，他们在工地就着雪吃窝头也是经常的事情，每天工作 11 个小时以上，但大家并没有怨言，依然热情饱满地投身工作。后来升任国家文物局副局长的黄景略先生也曾在侯马负责考古发掘，持续工作了四年。当时的考古"大会战"为全国各地培养了一大批考古干部，为此有人称侯马是当年考古人才的摇篮。

1965 年冬天，为配合侯马电厂建设，发现了著名的侯马盟书遗址，后来由张颔、陶正刚和张守中诸位先生整理出版《侯马盟书》一书（图七～图九）。"文革"期间的考古工作断断续续，1969 年乔村墓地进行发掘，中国科学院考古研究所王仲殊等一批同志前来支援工作，期间还发掘了部分祭祀遗址和上马墓地墓葬等。

侯马考古工作迎来第二个高峰时期应该是在 80～90 年代，时任站长是杨富斗先生、副站长是吴振录先生。"文革"过后，考古专业毕业的大学生迅速加入到了侯马考古工作队伍中来，为考古事业的发展带来了新的活力，再加上大型基本建设工程

图四 夏鼐、徐旭生、张政烺等先生参观陶范

图五 王克林和叶学明先生整理铸铜遗址出土器物

图六　黄景略先生现场测绘　　　　　图七　侯马盟书（65H14T5H1）的出土

的上马，很多大学的学生选择在侯马实习。在侯马参加过考古实习的大学有吉林大学、山西大学、山东大学、厦门大学等。当时考古所的一批年轻人，如罗新、李夏廷、刘永生、丁建平、畅红霞、海金乐、侯毅、马昇、王万辉、薛新明、孟耀虎、张崇宁、张元成等都断断续续在侯马工作过一段时间。而田建文、吉琨璋、李永敏、范文谦、王金平、谢尧亭等同志则都先后在侯马安家，和诸位老先生，如杨富斗、吴振录、梁子明、海振宗、海玉仁、胡敬彪等多年坚持战斗在侯马晋国遗址考古第一线，成为山西省考古研究所侯马工作站的常驻职工（图一〇）。

当然，侯马的考古工作还有赖于一批幕后英雄在默默奉献，他们就是工作站培养的一大批技术工人。目前坚守在考古工地的还有常如意、张海元、褚启俊、廉玉龙、马教河、张王俊、张银才、张学锋等，他们为侯马及山西考古工作做出了巨大的贡献，这是永远值得我们感恩和铭记的。

侯马工作站是为侯马晋国遗址发掘和保护工作而诞生的，最早叫山西省文物管理委员会侯马工作站，既有行政保护管理职能，又有考古勘探发掘任务和科研工作。到 1979 年成立山西省考古研究所后，才更名为山西省考古研究所侯马工作站，行政职能和文物勘探工作直到 1988 年，在山西省文物局的指示下才移

图八　侯马晋国遗址出土
　　　的春秋晚期盟书

图九　张守中、张颔、陶
　　　正刚（1990 年）

图一〇　1985 年晋文化
　　　　研究会

交给侯马市文化局。此后侯马工作站的主要任务就只剩下考古发
掘和研究了，其实发掘工作是越来越少，以至于无。随着侯马晋
国遗址考古发掘工作的日渐萎缩，侯马工作站的职能实际上已经
有所转变。1993 年以后，工作重心已经自然而然地发生了转移，
更多地参与到了全省范围内的田野考古工作，比如襄汾县大张墓
地、洪洞县永凝堡墓地、浮山市南霍墓地、桥北墓地、乡宁县内
阳原墓地的抢救性勘探发掘，吕梁山区吉县、柳林县和保德县的
西部考古调查试掘，大运高速公路、绛县横水西周墓地、翼城县
大河口西周墓地的抢救性发掘，甚至远赴三峡重庆库区丰都县、
万州区、石柱县开展了四个年度的田野考古工作。

　　时光荏苒，岁月沧桑，老一辈考古学家披荆斩棘、筚路蓝
缕，不仅为我们开创了侯马晋国遗址考古和文物保护工作的大
好局面，而且除了侯马地区外，当年的侯马工作站还肩负着晋
南地区的考古工作职能，比如曲村—天马遗址的发现与试掘、
万荣庙前东周墓地的发掘、永乐宫墓葬的发掘、稷山金代墓葬

图一一　1985年苏秉琦
在侯马工作站
合影留念

的发掘保护，等等。多年来侯马考古工作站一直延续着老一辈
考古学家创立的优良传统——艰苦奋斗，实事求是，兢兢业业，
无私奉献。在机构建设、人才建设和资料建设方面做出了突出
成绩。谈到这里，让我不禁想起了曾先后多次到侯马，关心侯
马文物考古工作和考古工作站建设的著名考古学家苏秉琦先生
（图一一、图一二）。苏先生在1985年曾经给侯马工作站的同志
写过一封信，我愿意在这里把这封信分享给大家，以表对先生
的感激和缅怀之情。

富斗、振录同志并转站内诸同志：

　　12日离开侯马，到今天整十天过去了。两周在侯马站的
生活，既像探亲访友，又像在家中，又像是一次工作旅行。对
我来讲，既感到温暖、热情，又感到不虚此行，获益良多。晋
南这块宝地，你们的开发之功，当载入中国考古学史册。这次
会的组织和效果是成功的，我的衷心愿望是：我们在晋南的几
处工地和队、站将像你们晋北的五台山一样，成为田野考古的

图一二　1985 年苏秉琦在侯马晋文化会上讲话

"圣地"。它的将来也会有如当年人们朝五台山的人群那样，山阴道上，络绎于途。你们、我们、咱们要做的事还很多。你们要购置一处库房望早成现实，这比自建新库房现实，快得多。曲村的设站计划，只要省所（省文物局）和北大有决心，应会得到国家文物局支持。不过，我有一个愿望，能把它办成一处真正具有高水平的教学科研基地，还有大量的工作要做。基础设施要搞，科研课题更重要。不过，这不是多挖、多写、多积累资料就能做到的。佛寺要"佛、法、僧"三宝。当年宋朝曾有几大书院也曾享过盛誉。据我初步设想，我们能把侯马、曲村搞成一处类似大佛庙的"上、下院"那样，可能是一条可取的办法。伯谦同志人望不错，会同你们合作得更好。望你们更主动一些。我愿尽绵薄之力，助其早日成功。

此信前半原是 22 日（星期六）写的，当日上午在所里见到子明同志，谈到我的以上想法，他把你们近期为侯马站库房以及扩大重建的计划，以及曾和黄景略同志交换过意见的事向我讲了。你们这种精神与周密的考虑，我很赞赏。我希望你们进一步考虑，再周密一些，具体些，再多向一些负责、对建筑内行的同志磋商。如果具体落实到施工钱数较大，一次不能实现，不妨分为两步。此事在我和伯谦以及曲村的同志等谈时曾提出把工程分两期，两年实施，把"主楼"放到二期工程。如能在二三年内实现，边建边使用，建设不影响正常工作，既快且稳，那就最好了。

我的设想是，上述条件，是重要的，必要的，而且是迫切的。但是，我们大家应该有个远景目标。要知道，我们的考古事业确实处在一个黄金时代。但要提出更高的要求，那就是什么是真正的高水平、国际水平。这不是坐等来的，也不是自然而然到来的。实际工作水平的提高，人力的增加，科研、干部水平的提高不只是从现实，眼皮底下就能看得见的。首先要认清什么是我们所要追求的最高水平，简单说，既有实际工作一面，更要看到开拓、创新一面，特别是理论一面。眼睛要向下，向青年一代看，他们是不会满足于我们眼下这点点成就的。这不是他们的好高骛远。这是他们对时代的要求反应敏锐而已。每个时代不是个个都是人才，但人才又是个集体的概念。我们眼下这一时代（这一二十年）是个出人才的时代，但是需要些种子与其他种种条件，我们的任务就是为他们创设条件。这话希望大家理解！不多谈了。谢谢那些在站上为我们忙碌了十多天的小弟、大嫂们！问候所有站上同志们！

　　致

　　敬礼！

苏秉琦

1985 年 11 月 23 日

　　苏秉琦先生离开我们整整 20 年了，这封信距今已整整 32 年。至今读来，言犹在耳，谆谆之教，令我辈汗颜，先生的愿望终究还没有完全得到实现，而且距离还很遥远，实在是愧对先生！好在 2000 年以来侯马工作站又新引进不少年轻新秀，如杨及耘、陈海波、荆泽健、曹俊、赵静，等等，他们个个充满朝气，奋发向上，盼望侯马工作站和侯马晋国遗址的考古工作在他们年轻一代的努力下能够取得更大更好的发展，早日实现苏先生的愿望。唯一可以告慰先生的是我们已经出版了多本著作和报告，如《侯马盟书》《侯马铸铜遗址》《上马墓地》《晋都新田》《乔村墓地》《侯马白店铸铜遗址》《临汾西赵》，等等。

　　这里我想引用几句前贤的话让我们共勉："没有其他任何科学能像考古学那样，毋庸置疑地丰富了人类的历史。考古学已设法解开了人类很大一部分未留下记录的历史之谜。考古学旨在了解人类，它是一项超越发掘宝藏、收集信息和测定年代的崇高的事业。正是了解了昔日文化不再存在的原因后，人类才明白了确保历史不会重演的关键所在。"

在此我要诚挚地感谢 70 年来那些关心、支持侯马考古工作和为侯马晋国遗址保护做出贡献的领导、考古学家等所有同志，是你们的辛勤劳动和无私奉献才取得了今天的成绩。最后真诚地祝愿侯马晋国遗址考古和文物保护事业蒸蒸日上！相信侯马考古工作站、侯马晋国遗址和侯马考古事业的明天将会更美好！

作者介绍

谢尧亭

山西省考古研究所原所长，现为山西大学历史文化学院教授、博士生导师，山西大学北方考古研究中心主任，兼任中国考古学会夏商考古专业委员会副主任、中国考古学会两周考古专业委员会副主任，全国重点文物保护工程方案审核专家，山西省考古学会秘书长、常务理事。

主要研究领域为夏商周考古，长期致力于两周田野考古发掘和研究。主持或参与侯马晋国古城遗址、铸铜遗址、祭祀遗址，柳林县高红遗址，绛县横水墓地，翼城县大河口墓地等37项田野考古调查、发掘工作。撰写论文60余篇、专著9部。其中翼城大河口西周墓地考古发掘被评为2010年度全国十大考古新发现，并获得田野考古一等奖。参与主持的绛县横水墓地和柳林高红遗址考古发掘分别被评为2005年度和2006年度全国十大考古新发现，并分别获得田野考古一等奖、三等奖。

家严颔公与盟书

> 凌晨四五点起床读书，日复一日。书桌前挂着两块毛笔抄录的水牌，都是须强记熟背的内容。身穿的衣服上也总有几个口袋，装着圆珠笔和白卡片。
>
> 他在古文字的世界里乐此不疲四五十年。他与盟书结缘，几经曲折，终解其中奥秘。
>
> 这就是张颔先生的日常，九十七载光阴里，他严谨治学，赋予生活的答案是朴素与执着。
>
> 也正如老舍所言："生活是种律动，须有光有影，有左有右，有晴有雨，滋味就含在这变而不猛的曲折里。"

作为一个学术成果，尤其是一项冷僻专业的学术成果，要想为大众所认知，可谓难之又难，山西的考古成果不少，但是能够融入社会的不多。《侯马盟书》是屈指可数的为社会所认知的学术成果。

我的父亲张颔曾说，作为山西的考古工作者，寻找晋国的文化遗迹是自身不可推卸的责任，侯马——就是我们发现晚期晋国文化遗迹的重要标志，这一发现无疑是我省考古工作者的荣耀（图一、图二）。

如果说甲骨文的问世，使世界进一步认识了中国的文明，那么《侯马盟书》的问世，则使得山西的考古事业闻名于海内。

有评论认为："盟书本身就是我国考古史上的一个重大收获，但该书（《侯马盟书》）的编者并未仅限于把它'客观'地报道出来，而是把这一重大收获放到春秋末期晋国的历史环境中进行考察……从而使这批盟书的历史价值远远超过了它作为

图一　张颔

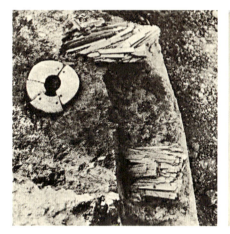

图二　张颔与张崇宁

图三　盟书出土现场

图四　陶正刚日记

重要文物发现的意义。"

1960年以来，山西省侯马市发现有东周晋国文化遗址，发掘出不少有价值的文物。1965年底，在晋国晚期都城——新田遗址中出土了带有朱书文字的石片，即后来正式定名的"侯马盟书"，则进一步证明了侯马就是晋国晚期的都城所在地。父亲在《晋邦之中试解》中引经据典详细论述了这一问题。

侯马盟马遗址最初的发掘者是山西省考古研究所老职工张守中和陶正刚二位先生。由于社会上关注文化的人几乎都知道侯马盟书，所以关于这方面的资料线索也成了人们的关注点。

这里我想补充一点：在2017年初，听说社会上有文物收藏者从太原南宫古董摊上购得陶正刚先生的一本日记，说是其中有关于 1965 年底陶先生发掘侯马盟书时最初的工作日记，随即多方打听，终于找到了这本日记的新主人。我不知陶先生的日记本是怎么流入市场的，不管怎么说，感谢这位日记本的收藏者允许我将其全部拍了照片（图三、图四）。

日记中记载的事情较杂，其中有关于盟书发现的起始："（1965 年）11 月 28 日，加班，陶、李、马去电厂（侯马电厂，盟书就是出自那里）排葬坑，测图，拉方（布置探方位置），准备开方（准备开始发掘探方）。"

时隔十一天的记录："12 月 9 日，中午出有石片，上面都是用红朱砂书写的文字……"然后是"送交照相，绘图，抢救这批文字"，等等。这些新田遗址出土带有文字的文物引起考古工作者的重视是很自然的。

另据张守中先生回忆，"1965 年 12 月中旬在电厂基建工地有曲沃县农业中学的师生参加勤工俭学劳动，同学们在取土中首先碰到了盟书，一件件带土的石片，上面隐约有朱书字迹，使同学们感到新奇，……使出土的盟书立时分散了……陶正刚得知消息……经他动员，已经分散的盟书重新汇集到一起"。这个编号为 16 坑的第一批 60 件盟书，应该就是陶先生日记中说的"中午出有 60 片石片，……但因不是我们发掘的，捡的，有所破坏（农机校），其中 40 号以上为保存好些"，这与张先生的回忆基本吻合（图五、图六）。

图五　张守中

图六　张额

侯马发现朱书文字的消息很快传到了太原和北京。当时父亲尚在原平参加"四清"运动，听到这一消息后便向组织请了七天假，奔赴侯马，在遗址现场考察这批重要的出土文物。实际只花了五天时间，就对当时刚刚出土的少数文字资料进行了研究，写出了《侯马东周遗址发现晋国朱书文字》一文，这是他专门研究侯马盟书的发端。

图七　从左到右依次为：陶正刚、张颔、张守中

后来有记者在采访时问道："侯马发现这些带字的石片、玉片之后，当时您有没有一个自己的判断，那会是一大发现吗？"父亲说："当时感到肯定是很重要的东西，究竟是什么，马上还说不来，只看到有些字句就好像是什么祭祀、有事宗族等句子，跟祭祀有关系，于是就根据当时的判断写了一篇文章，叫'开门'的文章，题目就是'发现晋国的朱书文字'。"

据我所知的情况，当时一同到达侯马的还有国家文物局的谢辰生先生，父亲的文章写成后就由谢辰生带回北京，之后又由国家文物局王冶秋局长拿给郭沫若先生。父亲回忆说："他（指郭老）看了（父亲的文章）以后说，他也要写一篇文章，好像题目是"侯马盟书试探"，记不太准了。"父亲接着说："他（指郭老）认为是'盟誓'，'盟书'这个名称是由郭老提出来的。"

现在一说"盟书"，凡是知道的无不与张颔联系起来，但父亲则常说"盟书"一名的确定是郭老最早认定的，可见父亲在治学中始终抱着实事求是的认真态度。

"文革"接近尾声的时候，社会上一些工作逐渐艰难地步入正轨，一些老领导也逐渐恢复工作。正是在这种环境下，父亲以"待罪"之身参与工作，张守中先生在文中说："时任国务院图博口副组长的王冶秋同志来到山西，他先到大同，……又绕道五台山来到太原。"在他和省领导的关注下，省文物工作委员会成立了侯马盟书整理小组，小组成员有张颔、陶正刚、张守中

图八　侯马盟书摹本

（图七）。当时父亲仍处于被管制，身不自由的环境中，所谓"政治问题"尚无结论，那为何要让他出来整理盟书？就是因为那个时期山西的文物工作者中确实也没有谁能拿下这份工作。张守中先生在1988年《文物天地》第4期中详细地描述了盟书的出土经过和整理过程。

认识和整理盟书文字，是一件很艰难的工作。1949年前河南曾有类似盟书的零星墨书石片出土，但既没有弄清出土地点，也没有准确的摹本，有的学者称之为"沁阳石墨"。其原件大多数已散佚，只有少数保存在中国社会科学院考古研究所。

虽然历史文献上关于东周各国盟会活动的记载不少，但有关盟誓词句却多残存不全。盟书誓词包含有丰富的社会生活，盟誓是春秋时期盛行的一种政治活动。有天子与诸侯之间的盟誓，有诸侯之间的盟誓，也有卿大夫举行的盟誓。目的或为和平相处，或为共同对敌，通过盟誓这一政治斗争形式相互制约，协调关系，史籍记载不少。但在考古发现中从未有过系统的具体实物资料面世，所以说侯马盟书的面世具有很高的史料价值。

父亲最初的介绍性文章，与郭沫若撰写的《侯马盟书试探》这篇考释性文章一并发表在1966年《文物》第2期上，引起学术界很大反响，唐兰、陈梦家等也先后发表了探讨的文章。但不久席卷全国的"文革"风暴打断了对盟书的正常研究。可幸的是盟书的全部发掘工作已经结束，完整的资料已集中到山西省文物工作委员会保存起来（图八）。

1973年，父亲回到了热爱的本职岗位，并同陶正刚、张守中组成了整理盟书的三人小组。父亲负责盟书的文字考释、训

图九　侯马盟书　　　　　　图一〇　侯马盟书

诂与历史考证，拟定出整理研究的总体构想和框架；陶正刚负责遗址发掘情况的编写，张守中负责盟书文字的临摹和"字表"的编写（图九～图一一）。

当时盟书材料放置在一间小屋里，条件很差。父亲准备了三套放大镜，在一百瓦的电灯下全神贯注地辨认字迹。就这样连续工作半年之久，他不仅辨认出盟书的全部文字，作了资料卡片，记了"盟书燃犀录"的笔记，逐日记问题、记心得、记线索，而且理清了盟书内容，并加以科学分类，精心论证，确定了这批盟书的主盟人是晋国六卿之一的赵鞅（赵简子）。这就为后来撰写《侯马盟书》打下了扎实的基础。

《侯马盟书》不仅是侯马盟书资料的集大成，也是盟书研究中考古学、古文字学与历史学三者相结合的学术专著。它全面展示了侯马盟书出土的资料、内容和收获，论证了盟书性质、内容及各方面的意义和科学价值，成

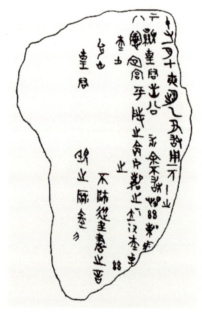

图一一　侯马盟书摹本

图一二　《侯马盟书》增订本

为春秋史乃至先秦史研究的必读书目之一（图一二）。

父亲还通过一条盟辞"十又一月甲寅朏，乙丑敢用一元□告于丕显晋公"考证出这条盟辞记录的时间为"晋定公十六年（公元前496年）"晋国赵鞅索"卫贡五百家"时的产物，较科学地澄清了相差约二百年的诸种断代说法的出入（见该书"历朔考"）。

此书出版于"文革"后期，撰写中受极"左"路线多次干扰，有些人宣扬要"突出儒法斗争"，乱施影响，企图把盟誓的主盟人树立为"法家"形象，并以盟书证明所谓"晋国已彻底解放了奴隶"等。父亲没有采纳，坚持实事求是的科学态度，使全书内容基本上做到了完整、精确，形成严密的科学体例和系统。尽管当时书上不准署著者姓名，有时发表文章也不得不用单位名或笔名，父亲觉得能无愧于学术界，无愧于自己，心中足以自慰。

《侯马盟书》一出版便引起国内外学术界的重视与赞扬。事后，又作《侯马盟书丛考续》一文，发表于《古文字研究》第一辑。文章分五部分：①赵尼考；②"丕显晋公"；③"晋邦之中"试解；④侯马盟书与沁阳盟书的关系；⑤侯马盟书文字体例。

日本著名汉学者松丸道雄评价："由于从1978年中日两国恢复邦交，中国学术界的消息渐渐开始流传到我国（日本），先生的令名立刻就以代表中国古文字学界的研究者闻名到我国（日本），受到日本古文字学者的注目，普遍著称于我国的学术界，其研究范围以商周青铜器铭文为首，涉及泉币文字、玺印、镜铭、朱文盟书等许多方面，可谓充分掌握一切古文字资料全领域。环视斯学，几乎无人能完成如此全面的研究。而且先生的贡献不限于学问，在书法、篆刻等与古文字关系甚深的艺术方面，先生精妙入神，这一点亦是现代学者所未能企及也。"

郭沫若先生曾赞许："张颔和其他同志的努力是大有贡献的。"

1974年父亲再次来到侯马，整理编撰《侯马盟书》，那年我中学毕业在家无事，搭机关的便车来到这里看望父亲，那大概是7月份，父亲则早就来侯马了。那时我还不懂考古，所谓"盟书"也只是知道名词而已，至于那段历史，

图一三　张颔晚年工作照

由于常在父亲身边，耳濡目染，多少也有点肤浅的印象。平日里也只是看看工作站及周边的环境，有一天晚饭后随父亲散步，来到了一条水流不大的河边，父亲说："这就是浍河，晋国人原来的都城在一个叫'绛'的地方，后来迁到现在的侯马，其中因为这里有浍河，就成了迁都到这里的理由之一。"我说："那时候这条河水的流量一定很充沛"，父亲说："应该是。"工作以后频繁地接触这一段的历史，《左传·成公六年》的记载几乎可以背下来了："晋人谋去故绛，……新田，土厚水深居之不疾，有汾浍以流其恶，且民从教，十世之利也……公说，从之，夏四月丁丑晋迁于新田。（图一三）"

父亲在行文词赋及书画方面也颇多精到之作，有一篇文章《古文字学家张颔先生的书法艺术——对张颔先生书法艺术的思考》认为，以往介绍先生的文章偏重于他的学术，对书法总是"草草描述，蜻蜓点水。这似乎也是无可奈何的事情，张颔先生在学术上的贡献远远大于他的书法成就。……先生是不以书家自许的"。但他的书画作品："用笔简洁干净，线条丰盈饱满，行气流畅自然，点画起圪分明，格调远在明人之上。即便是晚年作品，虽然人老书瘦，而骨力风神依然不减，其浓郁之文气更是溢于笔端"，"纯朴而不失文采"。

如父亲的画作，《蚊子》和《老来红》（图一四、图一五），

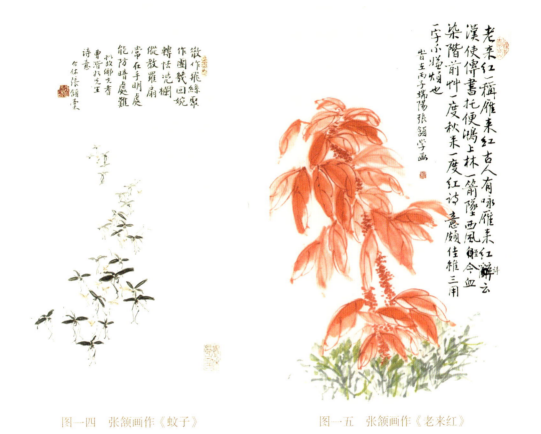

图一四　张颔画作《蚊子》　　　　图一五　张颔画作《老来红》

　　以蚊子为内容作画世属罕见，据说齐白石也画过蚊子，那是应别人要求画的，并非自己命题。父亲画的蚊子画面基本为黑墨着色，间或有朱标点缀，图中蚊虫团团飞绕，蚊翅瘦长轻盈，蚊足纤细逼肖，近处蚊翅浓墨重彩，远处则淡淡点画，远近错落，浓淡皆宜，似乎蚊翅都应该是轻薄透明的，但艺术品本就应该是这样的，似是而非，让人"疑而得之"，清代画家恽寿平就是这样评论艺术的。父亲在作画前曾拍死蚊子仔细观察。

　　蚊图上方为父亲用小楷所题近代介休一位名叫曹淮的乡绅的诗："散作飞丝聚作团，几回婉转却凭栏，纵教罗扇常在手，明处能防暗处难。"诗前为阴刻引首闲章"见笑大方"，诗尾落款后为一方阴刻小名章，画作右下方为朱文长方形名章"介休长甘氏"，"长甘"为父亲编著《侯马盟书》时的笔名。经过

"文革"的人对诗意的品位很难用一两句话表述清楚。除了深刻的喻义之外，在欣赏此画时让人总觉得手中应该拿一把扇子或是蚊拍方好。

另一件作品为朱批水墨画花草，《老来红》纸本，左侧为花草，右侧配古诗，花草干茎点缀而成，花草叶疏密有度，色彩浓淡层次分明，茎叶挺拔苍劲，尤其是叶的勾茎，笔法老到，"老来红"根部陪衬绿色小草，整体色彩简单而不单调，画面布局紧凑而不拘束。右侧用行书提古诗，诗右上方为铁线文阳刻闲章引首，"性本爱丘山"这枚闲章是我为父亲刻的。古诗左侧落款，末尾为一方阴刻名章，与前述《蚊子》图款后的名章是同一枚，印章大小适中，非常讲究。诗的内容为："汉使传书托便鸿，上林一箭坠西风。至今血染阶前草，一度秋来一度红。"这里并不是要描述汉昭帝射猎于上林苑，也不是要讲受困于漠北的苏武如何思念故国，只是因花草身浸雁血，而每当秋来，大雁南去时便发红；诗的情调是哀婉的，画的意味也是无尽的，让人观之不愿离去。是为诗配画，还是为画配诗，无论如何，这样的搭配使人感到花草似有哀怨倾诉，诗随画意，画达人情；孔子说："诗可以兴……可以怨。"画风士气逸兴，力遒韵雅，大有古代文人画的遗风。由于通晓古文字，他的篆书也写得古茂遒劲，气象雄迈，直逼周秦，造其绝诣。生活中的点滴诗句还常反映出他诙谐情趣，如为家中所养宠物猫作诗云：

家有花狸猛于虎，上仰苍鹰下逼鼠；

唯有潜德善睦邻，能与鸡雏相交处。

《火花》1987年8月第4期刊载署名周采泉的文章《唐风集的特色》，他说："我所钦佩的，还有山西省考古研究所名誉所长张颔同志。他是近年侯马出土三晋文物《侯马盟书》的编撰人。过去只知道他是从事考古的历史学家，今读他的《僚戈歌》，运韩昌黎《石鼓歌》韵，硬语盘空，陆离光怪，置之韩集中，几乎不辨楮叶，信乎能者之尤能。"

作 者 介 绍

张崇宁

1954 年出生，山西介休人。现为山西省考古研究所研究员，从事商周时期的田野考古工作，参与及负责的重要考古发掘有：临猗程村东周墓地、闻喜西周墓地、曲沃北赵晋侯墓地、长子鲍店战国大墓、长治市黎城县西周墓地。发表论文有《"刖人守囿"六轮挽车》《故绛管窥》《铜奔马正名》等。

赵卿墓发掘轶事

渠传福

鼓声隆隆，马蹄骤急，战旗猎猎，战火熊熊，虽"伏殁呕血"，仍"鼓音不衰"。

晋水之北，营建晋阳，铸邢鼎，纳贤士，匡合诸侯，争执牛耳。

史称"赵名晋卿，实专晋权，俸邑侔于诸侯"。

往事越千年，古城已废墟。

1988年赵卿墓发掘，彝鼎圭璋，庙堂钟磬，车马兵器出土。

赵氏的显赫与奢华，赵国的过往与荣耀，春秋史的波诡云谲，晋文化的雄浑豪迈，在考古学者的研究梳理中——再现……

1987年，太原第一热电厂在五期扩建时发现了一千多座古墓，春秋晚期晋国赵卿墓（编号M251）及其附葬的车马坑（编号M252）就是其中最重要的一座。赵卿墓规模之大，等级之高，遗物之丰富，在之前所发掘的晋国墓葬中无与伦比，可谓是研究晋国和晋阳古城历史文化的重要实物资料。赵卿墓的发掘当时轰动全国，成为娄睿墓之后山西又一重大考古发现（图一）。

赵卿墓属于大型的积石积炭木椁墓。墓圹为东西向的长方形竖穴土坑，口大底小，四壁光滑，无墓道。墓室正中，放置一椁和三层套棺。椁室较高，面积近40平方米。墓主人仰身直肢卧于第三层木棺中，头向东。身下朱砂铺底，双手置于腰部，骨骼早已腐蚀。这位70岁左右的老者，身边陪葬有许多兵器（如成对的戈、数以百计的镞），腰间还有四把青铜剑和四件

图一　赵卿墓发掘现场

　　纯金带钩，全身上下被瑞玉、佩玉、水晶及玛瑙制品所围。青铜礼器和生活用具层层叠放于头的东部。在大棺的西、南两面分别安放有四位殉葬者的棺，他们可能是墓主生前的侍妾、家臣和乐工。全部随葬遗物达3421件，其中青铜器1402件，另有石磬、玉器、金器、陶器、木器、骨角器、玛瑙、水晶串珠、玻璃串珠、绿松石串珠、蚌器、海贝等各类随葬品。附葬的大型车马坑面积110平方米，共有战车、仪仗车17辆，马44匹，由于采用了特殊的埋藏方式，加上适宜的埋藏环境，车马坑遗迹保存状况好过之前任何一处，具有极大的学术价值。

　　赵卿墓出土了中国春秋战国时代最大的一件青铜鼎，1号大镬鼎口径105厘米，腹深67厘米，通高100厘米，古朴浑厚，典雅华贵，体重超过250千克（图二）。结构独特生动华丽的鸟尊（图四），线条优雅装饰精美的匏壶（图三），剔底镶嵌华美修长的高柄小方壶，结构新奇具有草原风情的虎形组合灶（图五），设计精巧实用的猛虎扼鹰戈等，展现了精湛成熟的铸造工

图二　附耳牛头螭纹蹄足镬鼎

图三　匏壶

图四　鸟尊

图五　虎形灶

艺，代表了中国青铜时代最后一个巅峰。

　　赵卿墓的发现和研究，基本确认了墓主人就是晋国执政正卿赵鞅，也就是大名鼎鼎的赵简子，并纠正了史书记录其墓葬在邯郸的错误，也印证了三家分晋前后晋阳古城历史文化的文献记载，具有极为重要的文化和学术意义。

关于赵卿墓的发掘。1987年，我在太原市文管会担任考古科长。恰逢太原第一热电厂第五期扩建，按照《文物法》规定进行了先期文物钻探，首先发现了包括北齐壁画墓在内的数十座古墓葬，赵卿墓（编号M251）等春秋战国到宋元的400余座古墓，是后来陆续钻探发现的。省市联合考古队进入并大规模发掘之前，有过一场很大的风波，知道的人不多，我却至今记忆犹新。

第一次与电厂扩建处领导协商，很顺利地达成意向协议：同意考古队进入现场，开始发掘，随后继续协商考古发掘费用的安排。但过了几天，气氛有了变化，考古队遭遇各个方面的冷遇和阻挠。扩建处工作人员隐晦地告诉我，厂里大领导对考古发掘有不同的看法。

为此我与常一民同志到扩建处大楼，找到了姓崔的厂长。厂长似乎是军人出身，说话干脆利落，直奔主题。他提出：一、文物部门自有经费，再向建设单位要发掘经费是没有道理的；二、此前达成的协议作废；三、你们现在的行为属于"吃、卡、拿、要"的不正之风，他要向上级反映。

关于第一个问题，我们出示并详细介绍了《文物法》非常明确的"考古发掘列入基本建设预算"规定。他虽然无话可说，但要求我们必须有政府的"红头文件"，否则他不能执行《文物法》。我们表示：一、《文物法》必须贯彻执行；二、太原市文物管理委员会就是代表市政府处理有关文物事宜的机构，不会另出文件；三、拒绝所谓"不正之风"的指责。厂长勃然大怒，拍了桌子，说你们两个小年轻就能代表市政府？拿不来市政府红头文件，恕不接待！我们当时都年轻气盛，也拍了桌子，说如果不执行《文物法》，将下达停工通知书！（其实我们也不知道怎么下达停工通知书）于是不欢而散。

吵架归吵架，但电厂北齐壁画墓发掘没有停。过了几天，领导通知我回单位一趟。回去之后，发现同事们看我的眼色都不对了，好像我犯了错误要倒霉的样子。一位关系比较密切的同事悄悄告诉我，因为电厂的事，上级要查办你。文管会肖盛炎主任见面就说，你们在电厂没犯错误吧？我问什么错误？他说有人告你们"吃、卡、拿、要"，我说绝对没有。他再三让我确认后，说那就好，看来是《文物法》的事。咱们去省政府汇报一下。

跟着肖主任，平生第一次走进了省政府，七拐八拐到了一座大楼，记得好像是二层一间办公室。一个戴眼镜的领导挺和气，让我们坐下后说："别紧张，你们说一说与一电厂的事吧！"肖主任示意我讲。我就把事情前后经过讲一遍，重点是电厂将执行《文物法》误解为单位不正之风了。领导说："好了，看来是王老误会了，没你们的事了。"接见不到十分钟，问题解决，看得出他事先已经做了功课。出了省政府，我问主任，王老是谁，怎么回事？主任也摸不着头脑。

过了很久，我才了解清楚，王老是一位资格很老的老同志，1930年入党，名叫王定南，他最为著名的是领导策动了1945年"高树勋起义"，当时由邓小平同志宣布了党中央毛主席电报嘉奖令。中华人民共和国成立后他历任要职，1977年任山西省文物管理委员会副主任、山西省文史研究馆馆长，是五届、六届、七届全国政协委员。这位王老是个很热心负责的老人，由于曾在文物部门工作过，但又不了解新的法律与政策。他听到汇报说要求建设单位出钱考古发掘，直接认为这是不正之风，先是告诉厂里要抵制，继而反映到"邓办"，要求查处。于是有了这样一场风波。

太原第一热电厂五期扩建考古发掘的顺利展开，251大墓轰动全国的发现，陪葬车马坑的发掘与研究，也使我个人迈出了从事考古事业的坚实一步。回忆那场风波，我个人虽然受了点并未有什么后果的委屈，但是引起我对老同志"疾恶如仇"品格深深的敬佩。

接下来省市联合考古队成立，陶正刚先生任队长，我担任负责田野发掘的副队长，已故的侯毅先生担任负责外联协调的副队长。在持续大约十年的时间里，配合电厂扩建的考古发掘。期间整理了251号大墓发掘简报、北齐壁画墓发掘简报、唐代

图六　赵卿墓车坑发掘
　　　现场

壁画墓发掘简报，出版了《太原晋国赵卿墓》及一批研究论文，对东周晋阳和晋阳古城历史文化的沿革发展有了进一步的深入了解。

就个人而言，赵卿墓及其车马坑的发掘和研究，是使我从一个学考古专业的学生转变成为一个考古工作者的关键经历。

赵卿墓的田野考古结束之后，我把主要精力投入了车马坑发掘清理上，时间长达半年之久，在李夏廷和田进明等同志帮助指导下，真正地学到了不少田野发掘知识和技术。

1988年末，我们接到《文物》杂志的约稿，预定在1989年第9期发布发掘简报。正巧此时陶正刚先生将应邀出国讲学一个多月，简报撰写委托侯毅和我共同完成。那年春天，可以说是一生中最勤奋的一段时间。我们如期完成了简报，并且各有一篇论文，侯毅推断大墓墓主身份，我作了大墓年代推定。1989年初，稿件按时送交编辑部。历史给了我们两个年轻人机遇，我们也抓住了机遇。

1991年，《太原晋国赵卿墓》正式报告开始编撰。陶正刚负责青铜器和结语部分，侯毅负责发掘经过和其他随葬品部分，我负责车马坑部分（图六、图七）。

图七　赵卿墓马坑发掘现场

那个时候，车马坑是众所周知的冷门，可资参考借鉴的资料不多，但也是一个有充分研究空间的领域，我希望自己能有所发挥。经过一段长时间的资料收集和考察研究，感觉很兴奋很自信，开始了写作。大约有四十天时间，居然没下楼外出过，一气呵成了自己考古生涯中最有学术价值的论文——《太原金胜车马坑与东周车制散论》。当时将《文物季刊》办得风生水起的张庆捷主编，破例把这篇 25000 字的学术论文一次性刊发，社会反响很好。后来又一字不改地被收入到赵卿墓报告附录。这篇论文的发表与成功，也使得我有了一点从事考古的自信心和推动力。

我曾见过不少学识素养相当好的同行，一辈子籍籍无名，盖因才华无所施展也。我身在太原从事考古事业，在职业的起步阶段，就遇上了娄睿墓和赵卿墓两次重大发现，不能不说是幸运之极。

令人遗憾的是侯毅先生英年早逝，一大批电厂发掘的原始资料下落不明，导致电厂考古报告不能及时整理出版。陶正刚先生年事已高，身体不佳，常常为此扼腕叹息。不过我们正在努力，希望这批资料早日公之于世。

渠传福

1953年出生，山西祁县人。1982年毕业于山西大学历史系考古专业，主要从事考古研究工作。1984年起，参与主持多项重大田野考古发掘和研究工作，获得过田野考古发掘奖。发表《我国古代陪都史上的特殊现象——东魏北齐别都晋阳略论》《太原金胜车马坑与东周车制散论》等论文数十篇。主编多部考古研究报告，主要有《晋阳古刻选》（三卷）、"晋阳重大考古发现丛书"（五卷）、《太原通史·魏晋北朝卷》，其中合著《太原晋国赵卿墓》获山西省社科优秀论著一等奖。

张畅耕、戴尊德与平朔考古

宁立新

朔州地处晋北，"左距雁门，右峙偏关，南屏宁武，居三关之中，为南北咽喉，东西要路"，系三晋门户，为历代兵家必争之地，也是中国农耕文明与游牧文化冲突、融合最激烈、最频繁的地区之一。

咫尺千年，曾经铁马高墙、烽火狼烟，而今烽烟熄、止战无殇，只见墩台故垒斑驳。历经沧桑，尘封在漫漫黄土下的厚重历史，需要考古工作者们去发掘再现。

平朔考古是 20 世纪 80 年代改革开放初期，为配合中美合资建设的平朔露天煤矿而开展的长达 20 余年的考古发掘和文物保护工作。这是山西省继 60 年代在侯马晋国遗址考古"大会战"之后，又一次在国家文物局支持下，聚集全省力量进行的大型考古发掘项目。从 1982 年 9 月开始发掘以来，在朔县（今朔州市朔城区）和平鲁县（今朔州市平鲁区）境内先后发掘古墓葬 3300 余座，出土文物 19000 余件。发掘规模之大，持续时间之长，出土文物之多，为国内少见。当年主持和参与平朔考古的许多老同志，如戴尊德、朱华、张畅耕、信立祥、杨林、屈盛瑞、雷云贵、支配勇、宁立新、马昇等，如今都是知名的考古学家和文化学者，我在这里摘其点滴，回忆他们开拓平朔考古工作局面的故事（图一）。

1982 年 3 月 25 日，中国煤炭开发总公司与美国西方石油公司在北京签署了合资建设安太堡露天煤矿可行性研究的协议。这是我国改革开放后最大的引资项目，投资总额达 8 亿美元，在全国引起高度关注，如一声春雷，唤醒了平朔这方古老

图一　张畅耕、信立祥及山西省考古研究所领导在平朔考古现场

的黄土地。原雁北行署对该项目予以积极的支持和配合，为了做好区域规划工作，安排张畅耕同志参与文物环境的调查评估。

张畅耕先生是雁北地区文物考古工作的开拓者，是山西省著名的考古专家和辽金史专家，曾任雁北文物工作站站长和大同市考古研究所所长。作为雁北"文物通"，他敏锐地认识到如此大规模的基本建设工程必然涉及当地文物的保护问题。他会同朔县文化局雷云贵局长，赶到煤矿生活区选址的北旺庄进行文物资源调查，从而确认这里是一处大型汉代墓葬遗址。凭着强烈的责任意识和担当精神，立即通过行政渠道上报文物保护的紧急情况，同时利用正在北京参与应县木塔辽代大藏经整理、研究项目的契机，向中国历史博物馆考古部领导李世英、胡德平同志做了汇报，希望得到国家文物局的重视和支持。

据说，胡耀邦同志得知情况后，要求在建设最大的露天煤矿的同时，也要把文物保护做到最好。在各级领导的关心支持下，山西省文物局和山西省考古研究所安排朱华、宁立新同志赶到当时设在大同矿务局的平朔露天煤矿筹备处，向建设单位通报了平朔生活区规划区域内埋藏大量古代墓葬的情况。然而，长年从事基本建设工作的筹备处工作人员却不以为然，认为生活区占地都是平地，不会有墓，第一次谈判失败，第二次洽谈也未成功。第三次谈的结果是：同意文物部门先进行局部试掘，如确认有古代墓葬，再做定夺。

实事求是地讲，在20世纪80年代以前，雁北地区开展的考古工作确实不多，绝大多数人不知考古为何物。讲一个有趣的故事吧：1982年9月，我们按照协议，由朱华同志带队，宁立新、石卫国、张童心等人会同朔县文化部门在先期钻探的基础上，对7座汉墓进行试掘。在朔县最大的百货商场购买发掘用品后，售货员在付款发票的单位栏下，工工整整写着"烤骨

队"三个字。真是令人啼笑皆非！这张票据应当成为文物了。
（图二）。

　　首次发掘工作十分顺利，出土了200多件器物，既有常见
的陶壶、陶罐、铜鼎、铜镜、铜灯、弩机，又有罕见的四神铜
染炉、骨雕器、汉白玉虎镇等，第一次揭开了北旺庄汉墓群的
面纱（图三）。

　　张畅耕同志陪同中国历史博物馆考古部的专家亲临现场指
导工作，平朔露天煤矿的领导和工程师们目睹了这批出土文物
的发掘过程，感到神秘惊奇。他们认可了文物部门的文物考察
报告，并随即应文物部门的建议，邀请洛阳文物钻探公司对生
活区进行了全面普探，又发现汉代墓葬315座。1983年3月
1日，省文物局从全省抽调考古骨干50余人，组建了平朔考古
队，戴尊德同志任队长，朱华、张
畅耕、解廷琦、杨林等同志任副队
长，正式开始大规模的汉墓发掘。平
朔生活区的考古工作，一直持续了三
年多。1985～1987年，考古队委托
平鲁县文化局局长支配勇在露天煤矿
生产区开展考古调查，随后在井坪南
梁的采煤坑口和排土场又发掘了战国

图四　山西省文物局、山西省考古研究所专家在平朔工地

和秦汉时期的墓葬近300座，出土了大量古代北方游牧民族的珍贵文物（图四）。随着一件件珍贵文物的出土，各种有关的神奇传说，在民间不胫而走，着装时髦的城里人，罩着首帕的小脚女人，干部和农民，职工和军人，老外和翻译，像赶庙会一样，从四面八方赶来观看古墓发掘现场。平朔考古唤醒了人们对两千年历史的追忆，也培养、锻炼了雁北地区文物考古的基干力量，奠定了此后大同、朔州文物考古的基本局面。也许，这正是张畅耕先生的功绩和初心。

平朔考古队首任队长戴尊德先生是一位德高望重的考古学家，长期担任山西省考古研究所第四研究室主任，为人谦和，不急不躁，经验丰富，耐心细致。平朔考古队的专业干部来自国家文物局、中国历史博物馆、省市县数十个文博单位，人数最多时达70多名，这还不包括二三百名聘雇的技工和民工，行政管理、业务管理、发掘质量、文物保护、后勤保障、安全保卫等，头绪繁多，缺一不可，工期紧、任务重、责任大（图五）。

戴尊德先生以大将风范，举重若轻，发扬民主，从善如流，充分发挥来自北京、省市县各位副队长的不同资源优势和专业特长，取得各级文物部门、当地行政部门和建设单位的支持和理解，使考古队成为团结协作、攻坚克难、"特别能战斗"的大家庭，顺利完成每一期的考古发掘任务，为工期十分紧迫的基本建设工程充当着"开路先锋"。平朔考古坚持文物保护与基本建设"两重两利"原则，为改革开放初期全国日益兴起的配合工程建设进行考古发掘工作积累、总结了许多成功经验，引起了新闻媒体的高度关注。中央电视台、山西

图五　右起：戴尊德、张畅耕、安孝先、支配勇

图六　戴尊德和职工一起学习

电视台、《光明日报》《中国文物报》、香港《文汇报》等先后报道了平朔汉墓的发掘，中央新闻电影制片厂、山西电视台拍摄了《朔县汉墓发掘》专题片。国家文物局领导赞誉平朔考古是配合基本建设考古工作的典范，平朔考古队获得了文化部授予的"文物保护先进集体"荣誉表彰。国家文物局副局长黄景略、著名考古学家俞伟超担任了平朔考古队顾问。著名考古学家苏秉琦、徐苹芳、张忠培等亲临朔州指导工作，许多外国友人和专家学者多次到平朔考古队进行学术交流活动（图六）。

戴尊德先生不计名利，心胸宽广，提携后进，高风亮节。他在主持发掘工作期间，积极鼓励考古队员开展发掘资料的整理和研究，支持、帮助大家撰写发掘简报，而他从不署名。《文物》月刊先后发表了信立祥、雷云贵、屈盛瑞执笔的《山西朔县秦汉墓发掘简报》，屈盛瑞执笔的《山西朔县西汉并穴木椁墓》，雷云贵执笔的《西汉雁鱼灯》，宁立新执笔《山西省朔县赵十八庄一号汉墓》，支配勇执笔的《山西平鲁上面高村西汉木椁墓》，以及20世纪90年代发表和出版的《平朔地区十年考古综述》《平朔出土文物》图册，都包含着戴先生的劳动和心血。特别令人感佩的是，当90年代以后，考古队多数骨干成员因工

图七　作者（左一）和
山西省考古专家

作另有安排渐渐离开了平朔，戴先生却不顾年老体衰，坚守平朔考古第一线，继续整理、研究发掘资料，编写发掘报告。直到先生因病离世之后，我们才看到已经装订成十数厘米厚、数十万字的报告初稿，怀念与敬佩之泪潸然而下（图七）。

平朔汉墓考古发掘，是继 20 世纪 40 年代日本学者水野清一等人在河北北沙城、山西古城堡一线的"长城地带"进行发掘后，第一次由中国人进行的大规模汉墓发掘。平朔汉墓的发掘和研究，为北方长城地带汉墓分期断代建立了清晰的标尺和谱系；出土的大量炊具、酒具、生活用品、兵器、钱币、印章、生产工具、装饰品、文具、纺织品、农作物、动物骨骼等，为汉代政治、军事、经济、文化和民族交融的研究，提供了十分丰富的第一手资料；出土的雁鱼灯、"宋子"三孔布已由国家文物局征调到国家博物馆收藏；四神铜染炉、"成山宫"行灯、铜镜、俳优镇、嵌贝铜龟镇、铜鎏银龙纹案足、玻璃璧、玉蝉、青釉壶、骨尺、铜带钩等，大多成为山西博物院和朔州市博物馆的重要展品（图八、图九）。

时光荏苒，白驹过隙。当年的朔县北旺庄汉墓群遗址，如今已是高楼林立、繁花似锦的平朔生活区，平朔考古的骨干成

图八　嵌贝铜龟镇（山
　　　西 省 朔 州 市 照
　　　十八庄村出土）

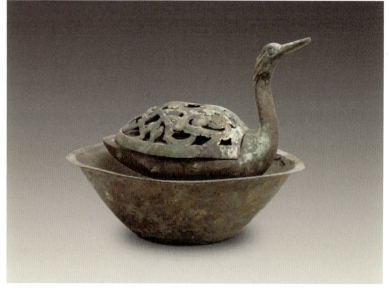

图九　鸭形熏炉（山西
　　　省朔州市照十八
　　　庄村出土）

员大都成为考古专家或文物部门的领导干部，许多已经退休，
戴尊德、朱华等先生已经离开了人世。平朔考古并没有惊世的
重大成果，但对文物保护与基本建设"两利双赢"模式的建立
影响深远。这篇简短的文字就算是我对工作的回顾和对师友的
思念吧！

作者介绍

宁立新

山西省文物局一级巡视员，曾任山西省考古研究所副所长，现为山西省文物局副局长、副研究馆员。长期从事田野考古和汉至唐考古研究工作，参加和主持了山西平朔汉墓发掘、大同市南郊北魏墓地发掘、右玉县善家堡墓地发掘、北魏平城遗址调查、太原隋代虞弘墓发掘等项目。组织和主编了《平朔出土文物》《中国文物地图集·山西分册》（电子版）《山西珍贵文物档案》（1～6卷）等专著，编写和发表了《山西省朔县赵十八庄一号汉墓》《山西朔县金代火葬墓》《大同南郊北魏墓群发掘简报》《山西省右玉县善家堡墓地》《太原市南郊唐代壁画墓清理简报》《四神染炉考辨》《辽金史论集》（第六集）《契丹仁懿皇后与应州宝宫寺释迦塔》《大同辽代壁画墓刍议》《朔州市朔城区发现金代僧人丛葬墓》等学术论文数十篇。

右玉善家堡考古记事

宁立新

右玉县位于山西省西北部，历来为北方要塞，是内蒙古进出晋北黄土高原的交通要道，也是农耕文明与草原游牧文明交融的节点。在战争与和平、动荡与交融相互作用的社会大背景下，右玉成为历史上多民族活动的大舞台，在中华民族大融合的历史进程中留下了深深的烙印。

1990 年，山西省考古研究所在右玉县善家堡清理出东汉后期至魏晋时期墓葬 23 座，出土文物 413 件（组）。这些墓葬及出土文物呈现出以鲜卑文化为主，兼容匈奴和汉文化因素的多元色彩，正是民族交融的见证。

历史上的北魏王朝是由游牧民族鲜卑拓跋氏建立的。鲜卑拓跋氏原本居住于额尔古纳河和大兴安岭北段，"统幽都之北，广漠之野，畜牧迁徙，射猎为业"。东汉初年开始逐步向西南迁移，进入了今河套北部、阴山一带的匈奴故地。魏晋时期，逐步占据了今天内蒙古与山西、河北交界的大部分地区。公元 398 年由盛乐（今内蒙古和林格尔）迁至平城（今大同），历经 96 年后又迁都洛阳。

拓跋鲜卑从漠北草原南下的过程，正是其北方游牧文化与中原农耕文化不断碰撞、相互交融的过程。多年来，考古学家们努力探寻拓跋鲜卑南下的历史足迹，希望有直接的考古材料来印证他们从草原走向平城的历史。然而，由于游牧民族"逐水草迁徙"的生活特性，历史上战争频仍和民族融合过程的错综复杂，星星点点的考古发现虽然揭示了匈奴、鲜卑文化的游牧属性，但两者之间难以区分，无法勾勒出鲜卑民族的特有文

图一 航拍的山西省右
玉县牛心山

化面貌。难道能够认为鲜卑在建都平城之前二三百年的历史遗存真的没有了吗？

有道是"踏破铁鞋无觅处，得来全不费工夫"。1989年秋天，我正在与张增光、王银田等同志研究整理1988年发掘的大同南郊（大同市电焊器材厂）北魏平城期167座鲜卑部族墓葬的考古发掘材料，刚刚完成墓葬、出土器物分期排队总表的时候，接到了时任山西省考古研究所所长王克林先生通知：右玉县善家堡发现了游牧特征的文物，尽快前去调查发掘。谁曾想，这一偶然的发现竟然填补了数十年考古工作成果的空白。

右玉县位于大同西北部，境内山丘连绵，峰峦起伏，属晋北黄土高原的组成部分，20多年前这里植被稀疏，水土流失较为严重，如今因人工植树而变得满目苍翠。古武周川水（今大同十里河）和中陵川水（今右玉苍头河）所经的山间河谷，自古就是山西通往蒙古的交通要道（图一）。

高墙框乡善家堡村，地处苍头河东岸，海拔1689米，呈背山面水的自然景观。70年代初期，善家堡村民在紧靠村庄的西梁南坡，开挖了一条灌溉水渠，经年累月的流水切割，形成一条宽深各十余米的冲沟，并且逐年扩大，导致沟岸土地大面积被侵蚀和塌陷。1989年春，在冲沟北侧的断壁上，村民们采集到一件双耳铜鍑，县博物馆的同志及时前往清理，又发现一件铜鍑和其他铜饰、铜币及骨器多件，并且了解到这里以往经常有小件文物出土。1990 年 5 月，我按照王克林所长安排，带领孙春林同志和右玉县博物馆胡生馆长等人，对这一地带进行了考古调查和勘探，确认这是一处古墓群。从六月份开始，我们对探明部分开始发掘清理，历时四个月，清理墓葬 23 座，出土文物 413 件（组），获得了一批十分珍贵的考古学资料（图二）。

图二 铜鍑

墓地所在的西梁，距地表约 1 米以上，均为质地疏松、层理不显的典型风积黄土层，其下为不规则钙质薄层和淡红色黏土层。在东西长约 100 米，南北宽约 50 米的范围内，墓葬分布密集，排列有序，以东北—西南走向带状排布于冲沟北岸。许多墓葬濒临冲沟边缘，或者半部已陷入冲沟，另半部尚悬挂于沟壁上。可以断定，由于这种大面积坍塌，被毁坏墓葬自然不在少数。另有一些墓葬墓穴很浅，由于水土流失和农田耕作等原因，遭到不同程度的破坏，甚至暴露于地表。

为了全面揭露墓地的文化内涵，我们在钻探资料的基础上，开了 10 米 × 10 米探方 13 个，但除墓葬之外，没有发现其他文化层堆积。少数墓葬较深，建于淡红色黏土层中，形状结构十分清楚，为典型的长方形土圹竖穴墓。绝大多数墓葬距地表很浅，墓圹土和墓室填土均为黄沙土，土质土色较为一致，很难区分。根据人骨架和随葬品排列放置状况，对比、参照四边清晰的墓葬结构形态，我们完全可以肯定，这些墓葬也是长方形土圹竖穴墓。说实在的，从事考古工作以来，我经年累月发掘了数百座墓葬，像这样埋藏很浅、墓圹边缘难以辨识的遗存，还是第一次遇到。

发掘的 23 座墓葬中，没有发现任何葬具痕迹，依葬俗不同，我们把它们分为单人葬、合葬和参考墓葬三种类型：单人

图三　舟形器（右玉县善家堡墓地出土）　　　　图四　铲形器（右玉县善家堡墓地出土）

墓葬共计15座，其中儿童墓1座，成人墓14座；合葬墓共计5座，分成人与儿童合葬和男女双人合葬两种情况；参考墓3座，这类墓葬墓圹不清，未发现任何人骨，只有一些随葬器物，排列也无规律，我们当时姑且将其作为参考墓葬处理。

善家堡墓地出土器物总计413件，其中包括无墓葬单位的采集品72件，它们分别为陶、铜、铁、金银、骨角、玉石、漆木等不同质地的制品。在山西博物院"民族熔炉"展厅陈列了部分代表性文物，比如夹砂大口平底陶罐、泥质陶罐、铜鍑、铜带扣、铜镜残片、铜五铢钱、铁刀、铁矛、铁斧、铁腰带、铁剪、铁鍑，多种形式的骨角器、金牌饰、金箔饰件和玛瑙、蚌珠等组成的串饰。大多数骨角器为实用器或装饰品，我们至今也不明白它们的名称和用途（图三、图四）。

善家堡出土的这批墓葬分布集中、排列有序，墓葬形制结构一致，出土遗物面貌特征清楚。长方形土圹竖穴墓是中原地区从新石器时代以来，一直延续使用的墓葬类型之一，同时也是北方游牧民族最主要的墓葬形态，在春秋至汉唐之际更是如此。但研究整理发掘资料，特别是确认其民族文化属性，却不是一件容易的事。

首先要确定墓葬的年代。善家堡墓地出土的器物，主要有日常生活使用的陶器、铜器、工具、兵器和装饰品。夹砂大口平底罐用作炊具，泥质罐多用作容器，这与内蒙古札赉诺尔墓地、吉林榆树市老河深墓地基本相同；兵器和其他器具品种多样，如刀、矛、斧、腰带、镇等，一反春秋战国时期以铜为主要质料的特点，进而变为铁制品，这是我国北方地区到汉代才出现的重要文化特色。铜镜残片具有东汉后期"长宜子孙"镜的鲜明造型特征，五铢铜钱也显示出东汉桓帝前后的时代风格。因此，我们初步认定，善家堡墓地的上限不早于东汉后期桓灵之际，下限约当魏晋（图五）。

图五　羊角饰（右玉县善家堡墓地出土）

其次要判断墓地的文化属性。观察过善家堡考古材料的专家学者，始终对该墓地文化属性存在不同认识——匈奴还是鲜卑？善家堡出土的器物，与内蒙古东部、东北地区和鄂尔多斯地区出土的匈奴文化及鲜卑文化相比，表现出强烈的共性，反映了较为一致的文化背景、生产和生活方式。铜鍑是耐用的炊具，是匈奴、鲜卑及其他北方游牧民族通用的器物；夹砂大口罐装饰戳刺纹，是内蒙古完工、札赉诺尔、嘎仙洞石室、南杨家营子、伊敏东站、孟根楚鲁墓地和吉林榆树老河深等两汉时代鲜卑墓地最具代表性的陶器，它们大多也被用作炊具，器表常常残留烟炱。另外，在今呼和浩特市一带出土的北魏墓葬，特别是大同市电焊器材厂墓地出土的北魏鲜卑部族陶器，从始至终都普遍流行大口夹砂戳刺纹罐。毋庸讳言，这些遗存存在着种族和文化意义上的相互影响与传承关系。

兵器、骨器和装饰品通常是显示民族文化的鲜明标志。善家堡墓葬出土的铁刀、铁矛、弧形骨器及各种形状的串饰，大多不见于同时期其他民族的文物中，而目前尚不明用途的弧形骨器更只发现于完工、札赉诺尔、南杨家营和大同市北魏时期鲜卑墓葬中，这种小型器具往往世代相传而不为他族所用。善家堡的铜带扣，造型结构独特，目前亦只在札赉诺尔和大同发现了类似的标本（图六）。

我依据上述文化特征和逻辑思维方式，得出善家堡考古文

图六　圆点纹骨饰

化是以拓跋鲜卑文化为主，融合了匈奴文化，兼具中原文化遗存的结论，受到宿白先生、杨泓先生的肯定和赞扬。

有关文献记载和历史地理研究充分支持了我的观点。右玉古称善无，其故城遗址即今右玉城镇，残毁的城垣及瓦砾尚在。善无自古即为通塞大道之要冲，东邻平城，南接中陵，往北经盛乐进入大漠。西汉时为雁门郡治所，东汉郡县南徙，又为定襄郡治。东汉"和帝永元中，大将军窦宪遣右校尉耿夔击破匈奴，北单于逃走，鲜卑因此转徙，据此故地。匈奴余种留者尚有十余万落，皆自号鲜卑，鲜卑由此转盛"。到三国时，善无等地更为鲜卑所据，因而战事频繁。延光元年冬，鲜卑寇雁门、定襄、太原；宁寿二年，檀石槐攻云中；延熹二年，攻雁门，又攻辽东；熹平二年，攻幽、并二州。曹魏时，鲜卑大人柯比能强盛，屡扰幽并，次年被并州刺史梁习大破之。甘露三年，拓跋部大人力微居定襄之盛乐，景元二年并遣子至洛阳贡献。在这种战争与和平、动荡与交融相互作用的社会大背景下，善无成为多民族活动的大舞台，因而善家堡墓地的文化面貌表现出以鲜卑文化特征为主，兼容匈奴文化和汉文化因素的多元共存的鲜明色彩。

1992年，我带队完成山西省引黄工程偏关公路沿线的考古发掘工作后，立即着手编写了《山西省右玉县善家堡墓地》考古报告，中国社会科学院考古研究所杨泓先生热情地向《考古学报》推荐刊载。但我的老领导、时任《文物季刊》主编王建先生闻讯后，诚恳要求我支持本省刊物。在王建先生的支持下，报告当年即付梓发表。二十多年过去了，我对王建、王克林等老一辈考古学家的栽培之情始终不能忘怀！

作者介绍

宁立新

山西省文物局一级巡视员，曾任山西省考古研究所副所长，现为山西省文物局副局长、副研究馆员。长期从事田野考古和汉至唐考古研究工作，参加和主持了山西平朔汉墓发掘、大同市南郊北魏墓地发掘、右玉县善家堡墓地发掘、北魏平城遗址调查、太原隋代虞弘墓发掘等项目。组织和主编了《平朔出土文物》、《中国文物地图集·山西分册》（电子版）、《山西珍贵文物档案》（1～6卷）等专著，编写和发表了《山西省朔县赵十八庄一号汉墓》、《山西朔县金代火葬墓》、《大同南郊北魏墓群发掘简报》、《山西省右玉县善家堡墓地》、《太原市南郊唐代壁画墓清理简报》、《四神染炉考辨》、《辽金史论集》（第六集）、《契丹仁懿皇后与应州宝宫寺释迦塔》、《大同辽代壁画墓刍议》、《朔州市朔城区发现金代僧人丛葬墓》等学术论文数十篇。

北魏宋绍祖墓发掘及其相关故事

张志忠

大同古称平城，原为西汉旧县。公元398年，北魏道武帝迁都至此，"营宫室，建宗庙，立社稷"，开始了近百年的北魏平城时代。这里市井繁荣，人烟稠密，北地民族汇聚。在这座壮丽的都城的发展过程中，留下大批遗址、遗迹和墓葬。

2000年4月，大同市考古研究所对雁北师院扩建工程组织文物勘探，发现了11座北魏墓葬，在考古学家艰苦的发掘过程中，昔日的北魏时光逐渐清晰起来，我们的故事也从这里开始……

宋绍祖墓与其他考古发现一样，是配合基本建设时文物勘探发现的。记得那是2000年4月，大同市考古研究所对雁北师范学院扩建工程组织文物勘探，发现了11座北魏墓葬。这批墓葬位于马铺山南麓、御河以东的缓坡台地上，与著名的北魏司马金龙墓、平城镇将元淑墓相距不远。因此，研究北魏的考古人员对这里发现的北魏墓葬寄予了很高的期望（图一）。

2000年5月，大同市考古研究所和山西省考古研究所组成联合考古队，领队由刘俊喜担任，张庆捷为业务指导，技术人员由大同市考古研究所左雁、高峰、张海啸、刘超等组成，开始对这批墓葬进行抢救性发掘。刘俊喜1982年毕业于山西大学考古专业，时任大同市考古研究所所长，在田野考古工地摸爬滚打了近二十年，积累了丰富的工作经验，她安排先对周边的

图一 雁北师范学院北魏墓葬群

中小型墓葬进行发掘，搞清地层堆积、墓葬形制和埋藏情况后，再展开中间大墓的发掘工作。然而，中小型墓葬发掘结果不尽如人意，由于早年被盗扰，大多出土陶罐、陶壶、漆盘、石灯等为数不多的几件随葬品。考古队员不约而同地把希望聚焦到中间的大墓上来（图二）。

最大的这座墓位于墓群中部，编号为5号墓。5月29日，刘所长决定开始5号墓的发掘，具体发掘工作由张海啸负责。该墓地层堆积相对简单，30厘米表土以下，就可以看出墓道和墓室土圹的痕迹，继续向下挖掘，隐约可以察觉到土圹东部土色的变化，而且越向下挖越清晰，可能是盗墓留下的痕迹，面对这种情况，刘所长和考古队员们虽然嘴上不说，但脸上时不时露出无奈表情。6月5日，墓葬挖掘到墓室顶部，形制为砖砌的四角攒尖顶，墓顶揭

图二 刘俊喜老师在发掘现场

图三 宋绍祖墓葬全景俯视图

露的同时，大家最不愿看到的事情还是发生了，墓顶东北赫然出现了一个不规则的盗洞，证实了大家之前的猜测，墓葬早年被盗，就像一盆凉水浇在大家心头，美好的希望可能就此不复存在了（图三）。

之后，一切重归于平静，发掘工作按部就班正常进行着。6月9日这一天，晋北的早晨，阳光明媚、微风拂面，5号墓的发掘仍在继续，此时距墓底大约还有2.5米深，民工小心翼翼挖着每一锹土。突然，一个民工发现脚下有硬硬的感觉，而且声音也有些不同，刘所长和张海啸赶快上前，用手铲轻轻拨开覆土，先暴露出一只银手镯、一件琥珀饰件和部分人骨，再向周围清理，逐渐露出雕刻得像瓦垄的石质构件，大家不约而同认为可能是一座仿木石椁，脸上一扫往日的阴霾，终于露出久违的笑脸。

6月12日，随着清理面积增加，中间的正脊，东边的山字形鸱吻和石椁顶板全部显露出来，而且在仿木瓦垄中发现了一行题记，为"太和元年五十人用公三千盐豉卅斛"，记载了石椁用工和花费情况。与此同时，墓道发掘也在同步进行，就在同一天，清理墓道的人员在北面的过洞发现了一块墓铭砖，内容是"大代太和元年岁次丁巳幽州刺史敦煌公敦煌郡宋绍祖之枢"，说明墓葬主人是北魏幽州刺史宋绍祖，葬于北魏太和元年，也就是公元477年，距今约有1500多年。今天真是好事成双，考古队员激动的心情溢于言表，晚上收工刘所长上酒款待了大家（图四）。

鉴于宋绍祖墓的重要性，急需增派考古技术力量，刘所长抽调我和高松参加宋绍祖墓的发掘工作，我负责全面发掘工作，高松、张海啸负责绘图，高峰负责照相，王殿华、梁汉明、白国俊等技工负责清理工作。

　　之后的首要任务是在墓室上部搭建保护棚，防止太阳暴晒和雨水侵蚀，便于开展清理工作。当时的保护棚比较简陋，就是用脚手架搭建框架，外面苫上塑料布或彩条布，再用绳子固定。与现在钢构保护棚完全不能同日而语，而且经常出现被大风掀开或漏雨的现象，所以保护棚的维护保养就是一项很重要的

图四　宋绍祖墓墓铭砖

工作。其次是石椁顶板和构件吊取，技工师傅们先将石板一块块包好，在墓室四周架设好脚手架，采用滑轮倒链将一块块石板吊装到地面。最后是对石椁四壁做好支撑加固，防止石板向外散落造成文物和人员损伤（图五～图八）。

　　后面的工作就是严格按照田野考古操作规程，组织清理、拍照、绘图、拓片和临摹等工作，最大限度地收集保存文物的信息。宋绍祖墓田野发掘持续达三个月之久，不仅发现了制作精美的石椁，而且出土各类陶俑等随葬器物179件，是继司马金龙墓之后发现的最重要的北魏墓葬。9月初，发掘工作圆满收

图五　宋绍祖石椁正
　　　面图

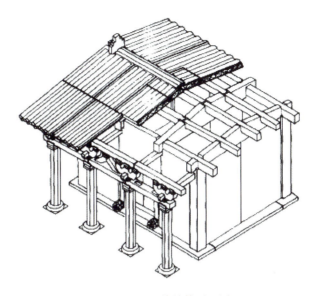

图六　石椁结构透视图

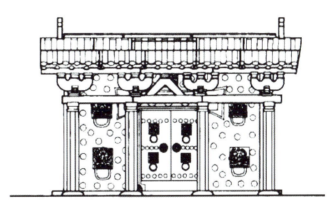

图七　石椁正面

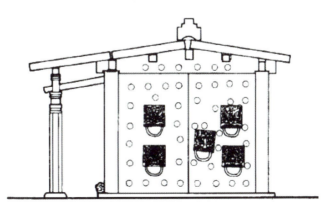

图八　石椁东侧面

图九　石棺床局部

官，随后转入随葬品修复、石椁保护和资料整理等阶段，具体的过程我就不一一细说。我觉得作为一名考古人，在一生的考古生涯里，能遇上如此重要的墓葬，并亲自负责发掘工作，真的是很幸运，现在回忆起来仍然感觉十分美好。

宋绍祖墓由墓道、2个过洞、2个天井、甬道和墓室组成，总长达37.57米，墓底最深距地表达7.35米，可以说规模宏大。墓室内石椁用上百件精雕细琢的石质构件，搭建起一座中国传统仿木结构的殿堂，精美而华丽，三开间悬山顶，前廊后室，廊柱斗拱和椽檐瓦垄俱全，外墙还浮雕装饰着二十多个铺首衔环，内壁保存有高士抚琴图壁画，石椁内是浮雕忍冬花纹的石棺床，死者夫妇当年下葬时，就双双陈尸石棺床上（图九）。

石椁与墓壁环绕的回廊之间，随葬以牛车为中心、各类陶俑组成的庞大出行仪仗。这些骑兵和步兵手中，原来显然是拿着武器的，出土时武器已经腐朽不存，但人马排列整齐，浩浩荡荡，足见当年军阵的威武气势（图一〇～图一二）。

宋绍祖墓考古发掘一经报道，就在国内考古界引起很大震动，考古学家纷纷赶至发掘现场考察。北魏史专家、考古大家宿白先生认为：这批墓葬的发现，是继1965年北魏司马金龙墓发掘后的又一重大成果，出土的大量文物是北魏早期难得的一批实物资料，它对北魏早期经济、文化、艺术、建筑、社会生

图一〇　宋绍祖墓出土
　　　　武士俑

活等诸方面的研究，都具有极其重要的价值。仿木石椁由百余件青石构件拼装而成，外形为悬山顶式殿堂建筑，设有前廊，一斗三升和人字拱为目前所见最早，是研究北魏建筑艺术的珍贵实物资料。

现在，宋绍祖墓仿木石椁收藏于山西博物院"土木华章"展厅内，聚光灯下，是仿木石椁光鲜靓丽的模样，参观者已无法感知它当初的状态，只有考古人才能体会实实在在从土里刨出的沧桑，感受那份喜悦、满足和艰辛（图一三）。

每年7~8月份是大同的雨季，降雨量占全年的三成，发掘当年的雨水更是频繁光顾，仿佛有意考验考古队员的意志和决心，加固保护棚、疏通排水沟成为发掘工作的重要环节。刘俊喜所长每天安排专人昼夜值守巡查，以防不测。

7月8日，天气预报白天多云间阴，有雷阵雨。上午天空虽然灰蒙蒙的，却看不到下大雨的迹象，但我们还是对保护棚挡土墙做了全面检查，不敢有丝毫大意。中午快下工时，天空中黑压压的乌云向工地袭来，紧接着雷鸣闪电，大雨倾盆而下，考古队员迅速回到各自岗位，有的冒雨排水，有的抓紧保护棚上的绳子保持排水顺畅，雨越下越大，不一会儿，大雨变成暴雨，很快大家都被浇成落汤鸡，全身上下湿透了。这时，有队员发现西部塑料布积水严重，随时危及保护棚的安全，我火速调派人员进入墓室，用木棍撑起塑料布，排出积水消除了隐患。不一会儿，又有队员发现墓道积水，快要超过挡水墙，一旦进入墓室，就会对文物造成损伤。我立即派人加高墓道周边围挡，防止雨水渗入墓道，同时派三名队员用脸盆清掏墓道积水，一名队员站立不稳摔倒了，弄的身上脸上都是黄泥汤，他顾不上疼痛和满身泥水坚持工作，直到将积水清掏干净。不知不觉两个多小时过去了，天也渐渐放晴了，考古队员看着文物安然无恙，满是泥水的脸上露出了惬意的微笑。

图一一　宋绍祖墓各类陶俑
　　　　发掘现场

图一二　宋绍祖墓出土鸡冠
　　　　俑和甲骑具装俑

图一三　宋绍祖墓石椁

作者介绍

张志忠

大同市考古研究所所长，研究馆员，中国考古学会理事，持有国家田野考古领队资格证书。主要从事北魏平城遗址和墓葬的发掘与研究。主持过多项大型北魏墓群和北魏皇家礼制建筑——明堂遗址的发掘，组织参与了北魏平城遗址考古调查等科研课题。编撰出版专著3部，发表简报、论文40余篇，《大同古城的历史变迁》被中国人民大学书报资料中心《复印报刊资料·地理》收录。

娄睿墓发掘轶闻

渠传福

> 卷帙浩繁的庞杂史料往往只记录下历史的宏大曲折，而潜藏其中的琐碎细节常常淹没于岁月长河中。
>
> 考古人的执着探索，让今天的我们，能够站在陈列着精美文物的展柜前，站在一幅幅绚丽多彩的千年壁画前，隔着漫长的时光，遥想古人的生活，他们的宗教、礼仪、风俗、服饰、音乐、饮食……

1979 年，山西省、太原市文物部门发掘了北齐东安王娄睿夫妇合葬墓。娄睿是高欢妻娄太后的亲侄，是北齐政权中举足轻重的人物，葬于武平元年（570 年）。娄睿墓虽曾遭盗掘破坏，仍出土大批陶俑、瓷器和浮雕、彩绘壁画等文物。其中大面积彩绘壁画最为珍贵，精美壮观。虽时隔一千四百多年，保存较好的仍有 200 平方米，现在是山西博物院最重要的珍藏之一（图一、图二）。

娄睿墓壁画的内容，一部分以长卷形式描绘墓主人显赫的生活和奢华的场面，如出行图、归来图、宴饮图，还有显示鲜卑贵族排场的仪仗骑队和跋涉于丝绸之路的胡商驼队。另一部分则表现墓主的佛教信仰和神仙思想，诸多神鬼鸟兽，栩栩如生。壁画既分栏分组，又前后呼应，造型准确，线条刚劲，色彩艳丽（图三、图四）。

壁画继承"以形写神"的艺术传统，沿袭汉魏壁画单纯、粗犷的风格，线条洗练遒劲，注重人物的神采和动态；晕染法运用得相当纯熟，以淡红晕染，突出明暗的立体效果，具有实体和空间感，反映了画家对生活观察之入微和运思之精妙，其

图一　役夫俑、陶卧驼、陶立驼

图三　十二辰图：牛　　　　　　　　　图二　武士俑

艺术水平超越了前代。壁画融合了外来艺术成分，丰富了民族传统绘画的表现技法，突出体现了单线勾勒、重彩填染的中国传统绘画特点。全部壁画中200余匹马的图像，骏骐挺拔，无一重复，神乎其技。唐张彦远《历代名画记》称，杨子华"尝画马于壁，夜听啼啮长鸣，如索水草"。杨子华"天下号为画圣，非有诏不得与外人画"。很多专家认为，娄睿墓壁画极可能是宫廷画家杨子华的作品（图五）。

图四　迎宾图

图五　鞍马游骑图

娄睿墓壁画的发现，改变了学界对北朝绘画的认识。吴作人教授评价："北齐东安王娄睿墓的发掘，使千百年来徒凭借志，臆见梗概的北齐绘画，陡见天日；使中国绘画史，犹长河万里，源流更汇支派，空缺得以证实……至于壁画之工拙，揆其简练肯定，运笔收纵，承两晋而启隋唐。"娄睿墓以其无可估量的学术价值与文物价值，入选"中国二十世纪百项考古大发现"（图六）。

关于娄睿墓，我下面讲述的主题，似乎与此前诸位先生不太一样，不打算对娄睿墓做文化学术方面的过多解读，而是想追忆一些趣闻逸事，这或者会有助于公众更加了解考古和考古人。

娄睿墓发掘在 1979～1981 年，我们那时正在上大学，没赶

图六　部曲鼓吹图

上那次重大考古发掘。我们班部分同学曾经到现场参观，记不得是什么原因我却没去，极为遗憾。

1982年，我和张庆捷、常一民同学毕业分配在太原市文物管理委员会，单位安排住在南十方白云寺。白云寺在红土沟的一个小山凹里，大殿巍峨，古松荫日，清雅幽静。特别是到了冬天，外面北风劲吹，庙里仅树梢微动，仿佛世外桃源一般。

白云寺当时是太原文管会的文物库房，"文革"前原太原市文物商店的大批古籍图书，存放在大殿后的窑洞式"藏经楼"上。管理者是原文物商店的老人——天天一副"笑弥勒"样子的刘子兴先生，和蔼可亲。我们几个年轻人可以随意进入书库，浏览并借阅古籍图书。上班就是读书，读书就是上班，回想起来那是一段多么幸福的日子。

更为令人意外欣喜的是，联合发掘的娄睿墓结束不久，所有的考古出土资料都存放在白云寺。举世震惊的娄睿墓壁画与出土器物的修复整理和研究工作也在这里进行。考古队的主要成员邓林秀先生、陶正刚先生和王天麻先生几乎长住于此。张颌先生也在楼上一间办公室，基本不出门，总在读书写作。张颌先生学养深厚，平易近人，我们几个年轻人常常进去请教学问，谈笑之间，受益匪浅（图七）。

当时白云寺并不对外开放，居住于后院的僧人也难得一见。白天在封闭安静的环境里浏览古籍，吃饭休息时聆听前辈先生

图七　陶正刚先生正在
　　　研究壁画

们切磋学术与高谈阔论。在那样一个充满学术氛围的小天地里，我们开始了考古学的最初体验。因此，虽然没有亲身参加娄睿墓的发掘，却也最真切地了解到它的精美程度和学术价值，以及考古研究的基本门径。当时发掘简报正在编撰之中，也听说了不少娄睿墓发掘过程中的趣闻轶事。几十年过去，回忆往事，倍觉亲切。但是由于时间久远，本来就有点"牙慧耳食"的一些故事，可能会记忆失真，粗略记述于此，留待有心人仔细考证吧！

　　娄睿墓的发掘实际上是"晋国早期都城研究"项目的副产品。众所周知，20世纪七八十年代，北京大学邹衡先生已经断定晋国始封地在晋南翼城曲沃一带，并在曲村建立考古实习基地，进行拉网式的田野调查。但历代古文献都说"桐叶封弟"在太原，而且太原不仅有名闻天下的晋祠，还有隆冢巍然的"晋王墓"，也就是所谓的"唐叔虞墓"。以张颔先生为代表的山西考古界，基本认同邹衡先生的论点。但为了破解这千年迷案，堵住食古不化者们的"悠悠之口"，就有必要"证伪"所谓的晋王墓，看看里面究竟有什么。于是张颔先生向山西省文管会申

图八　娄睿墓墓道发掘

请了一笔经费，开始调查、发掘晋王墓。发掘出乎意料地顺利与快捷——"晋王墓"只是一座空墓，但陵园围墙基址的建筑与材料是汉代制度，表明"晋王墓"及陵园似乎是汉代具有纪念性质的遗存。结论出来了，发掘经费也只花了一小部分。但来之不易的经费上缴可惜，不如另辟蹊径，把它花在更有实际意义的考古项目上。

在"晋王墓"考古发掘前期调查时已经知道，牛家口村东500米的王郭村地界上，"学大寨"时期，曾平掉一座"王墓"大坟堆。村民说墓里有彩画的"人人马马"，画中人物大小与真人差不多。根据文献记载，那是北齐咸阳王斛律金的墓。目标明确，经费不愁。于是，这座张冠李戴千余年的王墓，成为考古队的新任务，一次美术史上的重大考古发现就此展开。

我曾听说过几个娄睿墓发掘期间的小故事，虽不见经传，口耳相传，但值得说一说（图八）。

娄睿墓开始发掘，墓室积水几乎充满。两台水泵不间断抽水，考古队员身穿防水雨裤才能工作。墓壁和壁画由于积水的长期浸泡变得非常脆弱，当时的考古发掘变成一项"危险工作"。有一片墓道壁画刚刚清理出来，工作人员撤离，摄影师梁子明马上架好机器开始拍摄。没拍几张，无声无息间壁画随墓壁垮塌下来，几乎将人与机器淹没在泥浆中。所幸救援及时，没有酿成大祸。精美的壁画就这样"消失"了，而梁子明拍下的几幅彩色照片，成了真正的"绝版"（图九、图一〇）。

限于当年的认识水平和科技条件，娄睿墓发掘结束时才发现，墓葬埋葬时使用了大量的水银，考古队员不知不觉中都慢性水银中毒。负责发掘清理的陶正刚先生在墓室中待的时间最长，因此他成为最严重的受害者，满头乌发开始脱落，后来变得稀稀拉拉。娄睿墓发掘给了全国考古界一个警示：打开封闭

图九　墓门前的石门墩和镇墓兽

图一〇　墓室内釉陶罐放置情况

墓葬后的第一件必须做的事，就是检测是否存在有害物质。

　　娄睿墓出土的壁画，震惊学界，轰动社会。专家名流，参观络绎不绝。山西省委省政府异常重视，责成宣传部做好安全保卫和宣传接待工作，省委主要领导几乎都去视察过。有一天，罗贵波省长到了发掘现场，看到考古队员在没大腿的积水中工作，异常辛苦。陪同参观的宣传部副部长刘舒侠说，你们这样长期在水里工作，要防止关节炎，每天都应该喝点酒。按照当时规定，工作餐不得饮酒，违反必究。刘部长表示特殊情况特殊对待，考古工作就很特殊，罗省长点头同意。从此，考古工地"不禁酒"成为考古界不成文的规定，流播到全国各地。许多年后，外地同行说起来，还感谢山西开了个好头，避免了好多考古人患上职业病——关节炎（图一一、图一二）。

　　由于与娄睿墓有这样的缘分，我平生第一篇变成铅字的文章，就是为太原一个小刊物写的，内容是介绍娄睿墓壁画。如果说少年时代读过的童恩正的探险小说《古峡迷雾》，使我很早朦胧地向往考古，许多年后选择了报考考古专业，那么与精彩的娄睿墓和参与发掘的考古学家们朝夕相处的时光，使我深深地喜欢上考古，考古成为我毕生为之奋斗的事业。

　　1984 年，我完成了第一篇论文——《我国古代陪都史上的特殊现象——东魏北齐别都晋阳略论》，这篇当时充满争议的文

图一一　山西省委原副书记、省长罗贵波，副省长贾俊同志参观、指导工作

图一二　陶正刚向山西省委领导介绍墓道壁画情况

章，二十年后，为魏晋南北朝晋阳古城的研究建立了基础框架。它是一篇自我感觉很得意的文字，由此萌发了后来确定北朝考古为主要研究方向的种子。

再后来，我经手发掘研究的太原南郊北齐壁画墓（1987年）、太原北齐徐显秀墓（2001年）、朔州水泉梁北齐壁画墓（2008年）、忻州北朝壁画大墓（2013年），使我对北朝历史文化有了更深入的认识，也对北朝美术考古研究有了一点点贡献，而这一切，都肇始于娄睿墓的研究。

因此，我必须谢谢娄睿墓，谢谢那个娄睿娄王爷。

作者介绍

渠传福

1953年出生，山西祁县人。1982年毕
业于山西大学历史系考古专业，主要从
事考古研究工作。1984年起，参与主持
多项重大田野考古发掘和研究工作，获
得过田野考古发掘奖。发表《我国古代
陪都史上的特殊现象——东魏北齐别
都晋阳略论》《太原金胜车马坑与东周
车制散论》等论文数十篇。主编多部
考古研究报告，主要有《晋阳古刻选》
（三卷）、"晋阳重大考古发现丛书"（五
卷）、《太原通史·魏晋北朝卷》，其中
合著《太原晋国赵卿墓》获山西省社科
优秀论著一等奖。

徐显秀墓考古发现
及点滴故事

裴静蓉

北齐武平二年（571 年）正月的一天，戎马一生的太尉、武安王徐颖（字显秀）在晋阳城的家中去世，时年 70 岁。

2000 年岁末，徐显秀的墓葬在太原市王家峰村被发现。经发掘整理，墓葬出土陶俑、瓷器、金银器等 500 余件，保存壁画 300 多平方米。

历经千年岁月，墓葬中逝者的尸身已朽，墓中遗留的随葬品和绚丽多姿的壁画却依稀向我们诉说着墓主人生前的生活、信仰，以及他所生活的那个多民族文化激烈碰撞、交融的精彩时代……

王家峰北齐徐显秀墓是太原地区继娄睿墓之后的又一北朝重大考古发现。如果说当年娄睿墓壁画的发现填补了北朝绘画研究的空白，而徐显秀墓的发现，则是中国美术考古和中国北朝考古的又一重大收获，改写了中国美术史，轰动了世界美术界。它以保存完整的大面积精美壁画，绘画技艺之高超，内容之丰富，保存之完好，并具有独特而鲜明的艺术特色，获评"2002 年全国十大考古新发现"。

就让我们一起回顾发掘过程中的往事。2000 年岁末的一个周日，时任太原市文物考古研究所所长的李非接到一个紧急电话，东山王家峰村村委会梁春生副书记报告，他们村村东梨园里的"王墓"被盗。一听到这个消息，大家第一时间想道：7 月份同样是一个周日，同样是东山王家峰村附近的砖厂，在取土

图一　封土堆

过程中发现过一座北齐狄湛墓，墓葬破坏严重，收缴回文物近
40余件。其中有砂石墓志一合，由墓志研究得知，墓主人狄湛
为盛唐名相狄仁杰四世祖，为研究狄仁杰家庭世系提供了重要
资料。时间、地点，如此的相似，隐隐当中，大家仿佛期待着
同样的重要发现。就此，李非所长随即安排常一民、周健两位
副所长赶往现场勘察，被盗的古墓就坐落在东山王家峰村东的
万亩梨园当中。根据调查得知，王家峰村原名"王家坟村"，村
子的名字就是由这座王级大墓而得名。两位副所长一到现场，
就看到一座高约4米的封土堆，在封土堆的西北角发现一个直
径约60厘米的竖直盗洞（图一）。

　　由盗洞向内而望，可以看到墓葬很深。出于职业使然，常
一民副所长丝毫没有犹豫，让同行的村里人找来绳子，绑在腰
间，蜷曲着身体爬向洞口，利用狭小局促的空间，拍了几张照
片。照片中的壁画色彩斑斓，鲜艳如新。通过常一民先生与太
原市文物管理委员会离休老先生王天麻、渠传福研究员的初步
研究，确认时代应该为北朝时期。这个发现意义重大，所里决
定立即向市政府、省市文物局各相关部门汇报发现情况。同时，
上报国家文物局，并成立由山西省考古研究所、太原市文物考
古研究所组成的联合考古队，常一民为领队，开始进入正式的

图二　墓葬全景

图三　最初被雨水冲出
　　　的壁画

发掘。考古队进驻工地前已经做了大量准备工作，但由于正值
临近春节，天寒地冻，一场大雪覆盖了整个梨园，工作暂停了
下来（图二）。

2001 年春天一来，就进入了正式的发掘阶段。首先探明了
墓道、天井的形制及布局，并开始发掘。一场春雨过后，墓道
西壁边保留的填土层受到雨水的冲刷而坍塌，露出壁画，可见
彩绘人物大小接近真人。由于是墓壁上刷白灰层，在其上直接

图四　草木根系夹在填
　　　土和壁画间

图五　郑军先生指导清
　　　理、保护壁画

彩绘，故壁画保存情况很差（图三、图四）。

在咨询相关专家后，邀请了时任中国文物研究所的郑军先生，来工地考察制订了清理保护方案。由郑军先生带队，并组建队伍，由刘晚香负责，带领一批经过严格把关和考核后上岗的技工，专门投入到壁画的清理保护当中。就这样，工作人员边试验、边小心谨慎地清理，同时还对脆弱的壁画层做加固保护（图五）。

图六　壁画清理

图七　墓室清理前局部

从 2001 年春到 2002 年 10 月，近一年半的时间，经过了酷暑严寒。工作人员在临时搭建的保护棚内工作，夏天有如桑拿蒸房，憋闷难耐，汗如雨下；冬天没有任何保暖措施，墓道最深处达 6 米，阴冷如冰，严寒刺骨。尤其是清理到墓道最底层，为了不出任何差池，工作人员直接躺在潮湿阴冷的地面上，一清理就是一整天。也就是从那时开始，刘晚香落下了腿疼的毛病。直到现在不仅没有缓解，随着年龄的增长越来越严重。工作人员就这样如履薄冰地将墓道、天井、甬道内的壁画全部清理、保护完毕（图六、图七）。

2002 年 9 月底进入到了墓室的清理发掘阶段。期盼已久的墓室打开之后，呈现在我们眼前的是墓室四壁精美的壁画，由于地处黄土高坡，几乎无地下水侵蚀，壁画基本保持了原始状态，画面清晰，色泽艳丽。如此画面，令人震撼！向上看，圆形的穹隆顶上，繁星点点，星座之下，朵朵天莲花点缀其间，给人以飘逸流动之感。墓室底部，可以看到一些陶俑和瓷器残片（图八）。

由于此墓葬先后至少五次被盗，扰乱较为严重。所有陪葬遗物没有一件完整的，全部残碎，原始位置和状态已荡然无存。但修复之后，陪葬器物仍有近 500 件，数量比较可观。可以想象，这些庞大的俑群是一支完备的军事队伍。最值得一提的是，在棺木的碎屑当中，劫后余生，发现了一枚充满异域风情的镶

图八　墓室底部全景俯视　　　　　　　　图九　破碎的随葬品

嵌蓝宝石金戒指（图九、图一○）。

　　徐显秀墓是目前发现的同时期墓葬
中保存最好的大型壁画墓，为研究北朝晚
期的葬俗、葬制，墓室壁画的规制、题材
提供了珍贵的资料，对中国绘画史的研究
具有重要的价值。遍布全墓的彩绘壁画保
存基本完整，共约300平方米。墓葬壁画
整体营造了一幅静待男女墓主人出行的场
景，墓道内执三旒旗者，举鼓吹长号者，

图一○　蓝宝石戒指

佩剑带弓者，执缰牵马者，分列两侧，神态各异，散聚成组。整
个墓室壁画富丽堂皇，画面空白处点缀着流动感极强的天莲花，
充溢着浓厚的佛教气氛。人物形象神态各异，错落有致，互相
呼应。画有各类人物200余，马匹、牛车、怪兽、各色仪仗、兵
器、乐器和生活什物若干，物体形象与现实同大。画面布局和
谐，内容纷繁，1400余年前北齐高级官员的显赫威仪和奢华绮丽
的生活场面，如在目前。与河北湾漳墓、太原娄睿墓相比，该墓
壁画人物更接近于现实生活，是当时生活的真实写照（图一一）。
　　徐显秀墓和娄睿墓、湾漳墓壁画都是中国美术史上的杰
作，代表了当时绘画的最高水平。但徐显秀墓又与它们在绘画
技法和装饰上有所不同。徐显秀墓墓道壁画，在粗糙的墙面
上，不起稿而一笔到位。徐显秀墓壁画的另一个显著特点，是

图一一　墓室北壁墓主人和乐伎图

图一二　着连珠纹长裙的侍女

画家在绘画的时候，不是采用通常作画的手法，先勾出轮廓再填以颜色，而是直接用色笔点染成形。

徐显秀墓壁画蕴含记录了大量的历史文化信息，这些信息的提取和解读，将使我们对北齐社会生活的各个方面有更多的了解。其中最引人注目的就是反映中外文化交流的内容：北壁侍女裙上有典型萨珊

波斯风格的连珠纹圈对兽和奇
花异草装饰图案；东壁侍女裙
和西壁鞍袱上有连珠纹圈菩萨
像（图一二）；牛车顶棚之上
悬置一连珠纹造型的宝镜状物
件。徐显秀墓室中的装饰纹样
大量采用波斯人喜欢的连珠纹
并有所创新，如连珠纹人头像，
是研究中西文化交流的重要资
料。墓室出土的镶嵌蓝宝石金

图一三　放置于墓门口
的颜料碗

戒指，连珠纹戒盘镶嵌宝石，戒面阴刻神秘人物图案，应当出自
中亚、西亚甚至地中海地区。所有这些，为研究中西文化交流史
提供了新的资料。

　　徐显秀墓在为我们展现一个个惊人发现的同时，也带给了
发掘者很多的疑问：多余的随葬品随意散乱地放置于墓门口，
墓门封门墙的砖缝当中也插有多余的陶俑。绘制壁画的颜料碗
在完工后直接放置在墓门口，碗内还有剩余的颜料（图一三）。
尊贵貌美的女墓主人被画有三只眼睛，显然是画错的一只眼睛
没有涂改，直接又画了一只相对称的（图一四）。北壁东侧伎

图一四　女墓主人被改绘的眼睛

图一五　被遗漏的笛子

图一六 浮雕青龙和彩绘鸟

乐中有一人手持笛子，做出吹笛子状，却被画师漏绘了所吹奏的乐器——笛子（图一五）。如此规模等级的王墓，墓葬建造却如此仓促？墓门的两扇石门，下部原雕刻为中国传统意义上的青龙和白虎，但在最后进行彩绘时，上部的怪鸟依浮雕原形着色，下部青龙和白虎则分别被改绘成"鸟"的形象（图一六）。尤其是墓内的人骨标本极少而且破损，没有完整部位的骨骼。据石金鸣先生初步鉴定，遗骨内的头顶骨可能属于一未成年人个体，2枚牙齿是少年的乳齿，仅颈椎骨属于老年个体。也就是说，现存骨骸可能分属于两个甚至三个个体。那么乳齿代表的个体到底从哪里来？墓主夫妇的尸骨又到哪里去了？徐显秀墓蕴涵了丰富的文化信息，也带给了我们太多的未解之谜！

多年来一直认为太原北齐墓的主要分布区域在晋阳城西汾河西岸的西山沿线，近年考古发现表明，汾河以东，东山缓坡地带也是晋阳的另一埋葬区。徐显秀墓的发掘表明，这一区域也存在高级别官员的墓葬。太原是我国发现北齐墓葬最多的地区之一，目前已发表资料的有20余座，几乎涵盖了整个北齐时期。晋阳作为东魏北齐的"霸府"和"别都"，实际上起着京都的作用。这一时期，晋阳地区不但是抵御北方游牧民族的前沿阵地和主要军镇，也是少数民族相对集中的地区，是经济贸易的重要基地，更是中国乃至世界不同民族文化交汇融合之地。独特的中心地位，必然汇聚各路达官政要，如娄睿、斛律金、徐显秀、韩祖念、贺拔昌等。他们生活在这里，死后葬在这里，为我们留下了珍贵的历史文化遗产。

徐显秀墓的发掘保护工作历时近两年，回首那一段时光，令考古所每一位同志倍感珍惜。当时太原市文物考古研究所所长李非，考古队主力队员常一民、渠传福、周健、张庆捷都正值四十出头，正是大干一番事业的时候，又遇到千载难逢的机遇。他们众志成城、众心所向，在长达近两年的田野发掘过程中，每天坚守工地，早出晚归，没有周末没有节假日，带领着单位的一批年轻人，奋战在工地一线。他们严格按照各项程序紧张而有序地进行着考古发掘，每遇到问题都要互

图一七　进行墓室壁画记录

相商讨，还经常邀请专家学者现场指导。尤其是在严格执行田野考古工作规程的同时，始终把文物保护放在第一位，采取多学科合作，在壁画清理和保护上取得了成功的经验。这种发掘过程中采用的先进理念和方法，受到国内外专家学者的赞誉，被称为文物保护工程的典范（图一七）。天不负人，在付出艰辛的同时，也收获了殊荣。考古工地以保存完整的北齐大型砖室壁画和科学严谨的发掘保护，被评为"2002年全国十大考古新发现"，并获得"2001—2002年度国家文物局田野考古奖"三等奖（当时二等奖空缺）。同时，更重要的是通过发掘徐显秀墓，也培养了一批田野考古及文物保护的后备力量和专业队伍。

作者介绍

裴静蓉

太原市文物考古研究所研究员，
中国考古学会三国至隋唐考古
专业委员会委员，主要从事晋
阳古城遗址的考古调查发掘及
研究。先后参与及主持发掘的
田野考古项目主要有晋源果树
场墓群的发掘、北齐徐显秀墓
的发掘、晋阳古城遗址的考古
调查与发掘、蒙山开化寺大佛
佛阁遗址考古发掘等。发表
《魏晋北朝时期的晋阳城》《山
西太原晋源镇三座唐壁画墓》
《娄烦下龙泉村宋代家族墓发掘
简报》《万柏林区移村金元墓发
掘简报》《晋阳古城遗址 2002—
2010 年考古工作简报》等简报、
论文十余篇。

虞弘墓的发现和研究

常一民

> 我叫虞弘，鱼国尉纥驎城人，在汉人眼里，我是一个老外。故乡就是爷爷口中的系带鸟、大角羊和胡腾舞。十三岁后，精通多种语言、擅长外交的我，奉茹茹国王之命，出使波斯、吐谷浑、安息等国。从此，故乡离我越来越远。
>
> 这一年，我又出发了。北齐、北周、隋朝，历经三朝为官。这座繁华的晋阳城令我着迷，粟特人、波斯人、龟兹人的商队为我讲述着草原和沙漠发生的惊险故事。琥珀色的葡萄酒中，我仿佛看到了故乡的影像。
>
> 隋开皇十二年（公元 592 年），我在晋阳的家中轻轻合上了双眼。升腾的火焰中，我以为自己的故事就此画上了句号。谁知，1400 多年后，这个故事又打开了新的一页……

在山西众多考古发现中，虞弘墓的发现无疑是十分重要的。它的发现，使一个久已淹没在历史长河中的古国，重新进入人们的视野；它的发现，使人们对一个世界古老的宗教——琐罗亚斯德教，有了新的认识，在世界范围内掀起了研究高潮；它的发现，使我们认识到，在中古时期，山西在中国历史上所起到的作用，对丝绸之路形成所做出的贡献；它的发现甚至使美国大都会博物馆、日本美秀博物馆、法国吉美博物馆等主管收藏者如释重负，欣喜若狂。可以说虞弘墓是中国 20 世纪最伟大的考古发现之一。因此，发掘资料一经公布，即获评当年的全国十大考古新发现，后又入选"中国二十世纪百项考古大发现"。

而这一切，还要从太原市晋源王郭村王秋生家南墙外的一条小路说起。

图一　太原王郭村虞弘
　　　墓墓地

图二　虞弘墓葬具——
　　　汉白玉石椁出土
　　　情况

1999 年 7 月 8 日，天突然下起了大雨，而且雨越下越大，王秋生担心大雨浸泡南院墙，便提上铁锹出门，想在土路南边挖个小水渠，让雨水从路南流走。

令他万万没想到的事情发生了。没挖两锹，铁锹碰上了一块硬物，而且这硬物越挖越大，最后竟挖出一个巨大白色屋顶，闻讯而来的群众，也顾不上大雨，一起动手，沿着屋顶向四面扩挖，结果又发现了用砖砌成的四道墙壁。整个墙体近方形，将白石屋顶围在中间。这是什么，是石房子，是古墓，不知不觉中大雨已停，村民们还在热烈地讨论着。一个参加过娄睿墓发掘的工人坚持说，它是一座古墓，应该上报政府。这里要说明的是，就在王秋生发现的这个屋顶东南约 600 米的地方，十年前曾经发掘过著名的北齐娄睿墓，一些村民就在考古队做过工人，对文物保护有一定的认识（图一、图二）。

说来也巧，第二天，也就是 7 月 9 日，在王郭村指导修路

工作的区城建委主任武春晖知道了这件
事，他立即告知了晋源区文物旅游局。
得此消息，当时的局长张兴民、副局长
李爱国马上赶到王郭村，组织人员尽快
对现场进行勘察保护，并将此事上报给
省市有关部门。

　　山西省文物局获悉后，紧急部署，
安排山西省考古研究所、太原市文物考
古研究所和晋源区文物旅游局组成联合
考古队，由张庆捷带队，于7月13日进
驻现场，开始正式发掘。

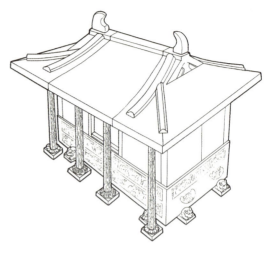

图三　汉白玉石椁复
　　　原图

　　王秋生发现的是一座坐北朝南砖砌单室墓，由墓道、甬道、
墓室几部分组成。墓室圆弧方形，面积约13平方米。所谓的白
色屋顶应该是称作石椁或者石堂的葬具（图三）。

　　此时小暑已过，正是一年中最炎热的季节，雷阵雨也是说
来就来。为了不让雨水灌入墓室，破坏遗迹和文物，考古队在

图四　考古队吊运石椁

图五　虞弘石椁正面图

墓室上搭起工作帐篷，就在闷热的帐篷内开始发掘。夏日的白天骄阳如火，帐篷中通风不畅，犹如蒸笼。墓室内不大的空间内，石堂居中占据了一多半地方，而脚下几十件文物散乱叠放在墓室狭小的空间里，李爱国、田进民、李建生等队员都是光着膀子、脖子上搭条毛巾，或者跪在地上，或者侧着身子清理着一件件珍贵的文物，其中甘苦，只有发掘者可以体会（图四）。

经过 20 多天的辛勤工作，墓葬基本清理完毕。近方形的砖砌墓室，中部安放一座汉白玉石堂，石堂三开间，歇山顶式顶子，总长 2.95 米，宽 2.2 米，高 2 米。在墓室和石堂之间的夹道中，出土墓主人虞弘和夫人墓志、石质人俑、石俑莲花座、石灯台及钱币等 80 余件文物。石堂内外，清理发现两具散乱腐朽的人骨，经专家鉴定，为一男一女，结合墓志，我们知道这是一座夫妻合葬墓（图五）。

最为吸引考古队关注的是石堂及石堂底座上的雕刻和彩绘。石堂由 9 块汉白玉石板构成。在 9 块汉白玉石板上，多数是浅浮雕加彩绘，除前面两块只在外壁雕绘图案外，其他 7 块在石堂里壁上满雕图案，在浮雕面的反面，也就是石堂壁向外的一面，墨线彩绘人物图案。石堂下部是底座，底座平面为长方形，

图六　墓主宴饮图

图七　墓主宴饮图摹本

图八　牛狮搏斗图

　　底座四周也都雕刻或绘制有壶门和壁龛，壁龛和壶门内也都雕绘人物、动物图案。

　　关键是这些雕刻和彩绘的内容，人物造型、动物花卉图案，包括故事内容等，完全不是我们常见的中原文化特色，充满异域文化风情。

　　仔细划分，整个石堂共雕绘54个单体图案。具体有宴饮图、乐舞图、射猎图、家居图、出行图等。其中狩猎图中，多数都是骑马、骑象、骑骆驼搏杀狮子的场景，人狮搏斗场面十分惨烈。图中人物都是深目高鼻黑发，人物服饰有头光、飘带、长帔，以及器皿、乐器，还有花草、树木、系带鸟、系带马、"胡腾舞"等，都与中国以往考古发现的形象截然不同，反而具有强烈的波斯、中西亚文化色彩。最有代表性的，是居于石堂底座正壁中的火坛图案。图案是一个束腰形祭坛，中心柱较细，底座和火盆较大，祭坛上部雕成三层仰莲形，坛内火焰蒸腾。在祭坛左右两旁，各有一个上半身为人形，下半身为雄鹰形状的祭司相对而立，祭司黑色长发呈波浪形披在后面，深目高鼻，须髯浓密（图六～图九）。

　　为什么是这样，这些充满异域风情的浮雕彩绘，表现的是什么民族的文化，他们为什么又会出现在我们太原？

考察图像内容，结合出土的墓志，我们对墓主人虞弘和他所代表的部族文化有了一个初步的了解。

按照墓志记载，虞弘的祖父为鱼国领民酋长，父亲为茹茹国莫贺去汾达官，虞弘原为鱼国尉纥驎城人。墓志说他"派枝西域"，应当是南北朝时期西域的一个小国或部落。至于这个西域的鱼国，我们也不能确切地指出它是西域的哪个国家。按照希罗多德《历史》记载，在波斯粟特人中有一个称作"马萨革太"的部落，他们不播种任何种子，以家畜与鱼类为生活来源。"马萨革太"原意就是希腊语"鱼"的意思。因此这个粟特的"马萨革太"部落很可能就是墓志所称的"鱼国"。鱼国应该在中亚两河流域活动过。大致就在今天的阿富汗、伊朗

图九　行旅图

一代。这里需要说明，虞弘的"虞"字在墓志盖上写作有虞氏的"虞"，但在墓志中却写成生活在水中的"鱼"字，仔细观察墓志中的"鱼"字，还是由有虞氏的"虞"字修改而成的。为什么这样修改？我们说史书上的鱼国本身就是一个以渔猎为主的民族，称为鱼国，名副其实。史书中记载的隋朝开府大将军《虞庆则传》中明确说，他原姓"鱼"——水中的鱼，后改姓有虞氏的"虞"。这一改，是为了与中国著名的五帝之一舜帝有虞氏相联系。因为在墓志中，虞弘还自称是有虞氏舜帝的后人。而舜帝部落同样以善于捕鱼著称于历史。可见虞弘、虞庆则一族姓氏的选择显然是经过了慎重的考虑，他们希望能把自己塑造成理所当然的华夏子孙，借以融入中华民族。

另一方面虞弘墓志中却又由有虞氏的"虞"改回了游于水中的"鱼"字，说明传统的力量，恪守本民族传统习俗文化的思想，也是十分顽固的（图一〇、图一一）。

其实虞弘一支是一个典型的西域部族，结合残存的骸骨分

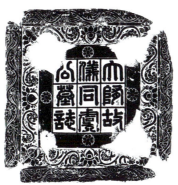
图一〇 虞弘墓志盖拓片

图一一 虞弘墓志挖补的"鱼"字

析，应该是高加索人种。在南北朝时期，也就是公元400年到600年那个民族大动荡、大迁徙时期，以虞弘为代表的大量西域部落人群沿着丝绸之路辗转来到了太原，经商做官，同时把他们的文化也带到了这里。

虞弘墓中所反映的，是以中西亚波斯萨珊王朝粟特人为主的生活场景。波斯萨珊王朝信奉的是琐罗亚斯德教。虞弘墓石堂底座上的祭坛形象反映的是琐罗亚斯德教崇拜、祭祀火神的场景（图一二）。

琐罗亚斯德教是在基督教诞生之前在中东地区最有影响的宗教，有学者认为它是最早的一神教，它对后世的基督教、伊斯兰教等都有深刻影响。其大概在南北朝时期传入中国，中国史称祆教、火祆教，也就是拜火教。公元7世纪萨珊王朝被穆斯林哈里国征服后，新的统治者强迫琐罗亚斯德教教徒改信伊斯兰教。琐罗亚斯德教近乎灭绝，极少数信徒辗转流徙，到17世纪后，他们在孟买附近形成一个独特的社会集团，被称为帕尔人。据统计，帕尔人约有10万，大都经营工商业，这一点和一千多年前以虞弘为代表的粟特人有相同之处。由于琐罗亚斯德教在中世纪已近灭绝，他们的文化习俗，乃至于宗教等，后代人了解不多，但因为它是世界最为古老的宗教之一，对后世影响很大，所以一点点发现都会引起研究者的重视。世界上很多研究者在中西亚一带投入大量精力发掘、研究，即使在遗址中发现一些残破壁画，他们也是欣喜不已，岂不料远在万里之外的太原，一个经过科学

图一二　圣火坛与祭司

图一三　日本美秀博物馆所藏刻石

发掘，又包含有大量粟特文化内容的古墓葬横空出世，引起的关
注度可想而知。我们说虞弘墓之所以引起国内外研究者的重视，
其中的一个原因在于，它是一个经过科学发掘的文化遗存。其实
在虞弘墓发现之前，与虞弘墓内容相近的石刻也不止一处发现，
如美国大都会博物馆、法国吉美博物馆、日本美秀博物馆等都收
藏有类似的刻石（图一三）。然而因为不是发掘所得，它们是真
是假，争论不断。等到虞弘墓资料一经公布，一锤定音，所有关
于刻石真假的争论烟消云散，代之而起的是热烈的讨论与研究。
时常有人问我，古董和文物的区别是什么？这就是区别，科学发
掘品有着无可置疑的可信度，具有标尺性的作用，它与古董在研
究领域的价值不可以道里计。

虞弘墓能够引起国际、国内学术界的广泛关注，还和虞弘
墓的发掘者张庆捷有着密切的关系。

张庆捷是虞弘墓考古发掘领队，当时担任山西省考古研究
所所长。在发掘虞弘墓之前，他曾经在太原市文物管理委员会、
山西大学历史系、山西省文物局《文物季刊》编辑部工作，已
经是学业有成的中年考古工作者，特别是由他主持的《文物季
刊》学术刊物，办得是有声有色，在当时文物学术界有着很高
的知名度。接手虞弘墓的发掘后，他敏锐地感觉到，这是一个
重要的发现，随即摒弃一切琐事，全身心地投入发掘和研究中。
正是在他的努力下，高质量的《太原隋虞弘墓》发掘报告得以
及早出版，并获得国家文物局颁发的优秀图书奖。而一批有学
术创建的研究成果，也使人们对虞弘墓刻石的图像解读及它所
反映的域外文化背景等有了更加深刻的认识。我们合著的《太
原开化早　并州洋人多》，说明当时的太原街上，白皮肤蓝眼睛
的"洋人"要比我们今天在大街上看到的还要多，他们在太原
一个村子连着一个村子，聚族而居，甚至有自己的武装。《北魏
平城波斯银币与丝绸之路几个问题》《北朝隋唐的"胡腾舞"》、
《胡商　胡腾舞与入华中亚人——解读虞弘墓》《民族汇聚与文
明互动——北朝社会的考古学观察》等论文论著，从世界的视
角探讨了中西方文化的交流与互动、丝绸之路与山西的关系，

在国内外引起强烈反响，张
庆捷也因此成为中外知名的
考古学家。他被山西省文物
局公布为文博大家。他又是
享受国务院特殊津贴专家，
兼任北京师范大学历史学院
"985工程"特聘教授，山
西北朝研究中心主任，山西
省委联系的优秀专家等，这
一切成绩和荣誉的取得都与
他的辛勤和坚持不懈息息相
关。很荣幸，我和庆捷兄是

图一四　考古队工作照
（从左至右依次
为：张庆捷、
李非、常一民）

同班同学，一同发掘了虞弘墓，对他的学术研究与为人处世了
解较多，说一件小事，以见其对待学术研究的认真态度。大约
是2000年前后，庆捷兄因工作劳累，心脏病发作，我们同学都
说他是整理虞弘墓太投入造成的。在住院进行心脏搭桥手术时，
他对省考古所陪同的人员交代说，如果我不能走下手术台，请
你转告常一民，一定要把虞弘墓发掘报告高质量完成，虞弘墓的
所有资料都在办公室的抽屉里（图一四）。

　　庆捷兄对虞弘墓研究、对待工作的态度就是这样。某种程
度上我们甚至可以说，虞弘墓有幸，因为遇到张庆捷这个发掘
者，才能够知名域外。而庆捷兄也通过虞弘墓研究拓展了视野，
取得了丰硕的成果。因为虞弘墓，我们才理解了中世纪的北中
国，北中国中心的太原与中西亚一带文明古国交流与互动达到
了怎样的深度，为什么李渊、李世民父子可以从太原起兵，挥
师中原，建立大唐王朝。虞弘墓带给我们的还有很多很多。

常一民

1960 出生，现为太原市文物考古研究所副所长、研究员，中国考古学会三国至隋唐考古专业委员会委员。1982 年从山西大学历史系考古专业毕业，主要从事历史考古等发掘研究，特别是晋阳古城遗址的调查、发掘与研究。参加或主持太原晋国赵卿墓、北齐徐显秀墓、隋虞弘墓、唐塔基地宫舍利遗存、东山汉代诸侯王墓等遗址的考古发掘与研究。独立或合作撰写了《太原隋虞弘墓》《晋阳古城一号建筑基址》《太原通史·秦汉卷》《晋阳古城遗址 2002—2010 年考古工作简报》《太原北齐徐显秀墓发掘简报》《唐北都城址试探》《东周晋阳城建制蠡测》《试论晋阳古城的遗存特征》《建设遗址公园　弘扬晋阳文化》等论文论著。

追忆杨富斗先生

赵曙光

灯光亮起，悠扬的胡琴声也响起了，台下的少年跟着轻声哼唱："云路鹏程九万里，雪窗萤火二十年……"如果时光的藤蔓缠绕着光阴的故事，那一年，一定是千回百转的一枝。

1953 年，22 岁的杨富斗参加了被誉为"考古界黄埔培训班二期"的学习，从此开始了他为之奋斗终生的考古事业。

在杨富斗先生 68 年的生命坐标中，留下的是耳熟能详的字眼：侯马考古工作站、平阳金墓砖雕、蒲津渡遗址、《文物季刊》……而更让我们敬佩的是先生忠厚勤奋、磊落大度的精神。

岁月带走了时光，留下了一份思念……

怀念先生，他是良师、益友，更是一位有着侠义心肠的考古战士！

图一　杨富斗

山西的南部古称河东，1926 年中国考古学先驱李济先生以科学考古的方式在这里掘开了第一铲土。三十年后的 1956 年，同样在晋南，一群担当新中国考古事业脊梁的人物荟萃在这个地方，建立了新中国考古第一站，其中就有杨富斗先生，那年他 23 岁（图一）。

一、成长于侯马工作站

　　杨富斗先生出生于1931年6月18日，山西省新绛县人。新绛古称绛州，是一座有着深厚历史底蕴的文化名城，城内文物古迹众多。杨富斗虽少年家贫，但受晋南传统文化影响甚深，喜好听《薛仁贵东征》《说唐演义》《七侠五义》等侠义之事，又非常痴迷蒲剧梆子，如《三家店》《窦娥冤》《汾河湾》《西厢记》《赵氏孤儿》等剧目，兴之所至都能来上一段儿，这也为他后来从事平阳金墓戏曲文物的考古研究奠定了童子功。

　　1948年春，解放战争节节胜利，毛主席为解决军事干部人才短缺问题，在华北、东北、华东、西北、中南五个战略区各建立一所军政大学。17岁的杨富斗考进了贺龙在西安举办的西北军政大学。如果不是因为一场大病，沿着这条路走下去，以他做事的认真和办事能力，一定会成为一名将军。1950年，病愈后的杨富斗在新绛县文化馆谋到了一份工作，1952年转入山西省文物管理委员会。中华人民共和国初立，新中国的建设事业日益高涨，为了应对配合基本建设的考古力量严重匮乏的局面，文化部社会文化事业管理局与中国科学院考古研究所、北京大学自1952年至1955年联合举办了四期考古工作人员训练班，学员总数达369

图二　杨富斗先生在考古发掘现场

人，当时留在大陆的文物考古界知名学者几乎都参与了授课。对于新中国的文物考古事业，这是一场空前绝后的"救火"行动，同时也是一场中国文物事业的奠基盛宴，后来者再无此殊荣。从20世纪80年代开始，这四期学员被誉为考古界的"黄埔四期"。杨富斗参加了"考古黄埔二期"的学习。在这次的学习中，杨富斗掌握了较为完整系统的考古知识，增长了见识、开阔了视野，他认真吃苦的精神给多位老师，如苏秉琦、李学勤、严文明、宿白等先生留下了深刻的印象，宽厚大气的他也与同学们结下了深厚的情谊。三个月后回到侯马工作站时，一个用全新知识武装起来的小伙子，开始了他为之终生奋斗的考古事业，那年他才22岁（图二）。

侯马位于山西南部的临汾盆地与运城盆地之间，汾河与浍河在境内交汇。它源起于明洪武八年（1375年）在这里设置的驿站，过往朝政要员多于此食宿等候、换乘马匹，故称侯马。这里最盛时配备骡马多达79头，是北方最大的驿站之一。

1955年起，国家在侯马开始了大规模建设。1956年开始，新中国开展了首次全国文物普查，山西省文管会和文化部文物局组织的文物普查组两次派人对该地进行勘查，在大面积的范围内发现有丰富的东周文化遗存，侯马被国家文物局确定为文物普查、复查的重点地区。1956年10月，山西省文物管理委员会在此设立了侯马文物工作站，专门用于配合侯马市的城市建设。从1956到1959年，杨富斗和他的战友们开展了大量的工作，这是他考古实践历练和成长的四年，为日后成长为能文能武的全面手打下了坚实的基础。这四年中，他掌握了如何辨别地层、如何辨别各个时代、各种文化及类型的器物，掌握了使用洛阳铲进行钻探的技法，掌握了与基建方开展谈判的技巧……

那时候，国民经济底子薄弱，建设成为了一切工作的首要任务，如何在尽可能的情况下使更多的文物得到抢救和保护，杨富斗与战友们使出了浑身解数。当年有一座规模宏大的厂址正好选在这里，工作站曾苦口婆心地劝阻他们搬迁厂址，但在1957年的整风中，工作站却被扣上了"本位主义"的帽子。胳膊怎么会拗过大腿，杨富斗他们只好跟随着一日千里的"大跃进"步伐跑步前进，边发掘边整理，边学习边应用，三个月就整理完了两年的库房积压。

钻探调查是侯马工作站的一项非常重

图三　杨富斗先生在工地讲课

要的工作，为了尽快搞清遗址的遗迹和范围，他们在 1956 年用方格网的排列方法进行钻探，肯定了以牛村古城为中心的东周文化遗址的重要性，打破了以往对文化遗址不能钻探的保守思想（图三）。

实践中他们不断摸索，特别是在洛阳铲的使用上有了重大突破。过去传统的认识中，洛阳铲只是框定墓葬边框的有效工具，在调查文化遗址上存在着可能损害及混淆遗址地层的说法，杨富斗与他的战友们反复探索总结，终于找到了认定和辨别地层的办法，进而又发明了直线追踪的钻探方法，大大提高了工作效率，在三个月内完成了预计一年才能完成的钻探调查任务。直到今日，用洛阳铲调查遗址的方法仍是考古中最普遍使用的方法，如果是现在，这是可以申请专利的（图四）。

到 1959 年，他们采用踏勘、钻探和考古发掘相结合的方法，跑遍了侯马 30 平方千米的土地，发掘面积近 2000 平方米，陆续发现了西侯马、宋郭、白店、牛村、南西庄和北西庄等大量的东周古城文化遗存。在牛村古城东面和南面，他们发现了铸铜遗址、骨器等手工业作坊遗址、大规模的陶器生产基地遗址，发现了密集的仓廪、窖穴、水井，大量的规律有次序的马、牛、羊等祭祀坑。杨富斗和他的战友们推断平望古城与牛村古城并非一般的城市，而应是一处曾经扩建过的繁荣的诸侯都邑。在与文献资

图四　杨富斗先生在工地讲课

图五　杨富斗先生（左四）在侯马工作站董海墓前留影

料印证后，他们得出了侯马极有可能是东周晋国晚期的都城——新田遗址。这是山西之"晋"，首次从考古学上得以印证，不仅为侯马市的城市规划与文物保护提供了重要资料，而且在中国城市营造史、考古学史上也具有重大的价值和意义（图五）。

一石激起千层浪。这些重要线索的发现，引起了一直关注这方土地的国家文物局的高度重视。1960 年 10 月，国务院发出了《关于加强侯马地区古城遗址的勘探发掘工作的通知》，随后，国家文化部门调集中国科学院考古研究所等十多家单位的骨干力量支援侯马的文物考古工作，由中央、山西省和一些兄弟省的考古工作者组成了侯马考古工作队，开始对侯马展开了大规模的考古发掘工作。大批外来的考古工作者聚集于此，最多时有上百人，成为当时小小的侯马最为轰动的事件。杨富斗这时已成家，因他实在好客，大家都喜欢去他那儿扎堆，在天南地北的侃大山中，他交了不少真朋友。

1959 年 1 月，在牛村古城南面，杨富斗与他的战友们发掘了两座金大安二年（公元 1210 年）的董氏兄弟砖室墓。两墓紧邻，墓道口向南，阶梯式的墓道非常窄狭，墓室平面有二三平方米。两墓内部的顶上都砌着一块买地券，墨书的文章内容雷同，考古上将其称作 M1、M2。M1 的雕刻精巧细腻、风度谨严，保存得十分完好；M2 的雕刻精壮疏朗、气魄豪爽，显现出兄弟俩的不同喜好。M1 中特别引人注目的是在墓室后壁的正屋屋脊上部，砌出一座高近 1 米的小舞台，正面为歇山山花朝外的装饰，台口内摆放着正在演戏的五位演员塑像：当中一人身穿红袍、头戴乌纱，手执笏板，左边是两个长袍冠冕的人在一旁侍立；最有意思的是右边两人——靠中间的一个穿着红衣裳、戴高帽子，右手执着一柄执扇，侧身摇臂、两膝微屈，仿佛正在款款而舞的样子；最右边是一个胖胖的银发老者，挽着高髻，身着黄色短袍，用嘴紧含着右手的大拇指和食指，微弯着腰正在呼哨，两腮鼓得圆圆的，神气活现。这两座墓的发现让杨富斗深为震惊，凭着长期从事考古的敏感，他认为这将是一个中国戏曲艺术史上至为珍贵的物证，在诸多专家学者的鼓励和支持下，他与畅文斋

图六　M1 中的戏台及
　　　戏俑

先生一起发扬蚂蚁啃骨头的精神，组织人将墓葬一块块拆下并迁移到了工作站中复建起来，这成为侯马工作站的一处重要文物景点。墓葬的异地搬迁在当时还没有先例，他的做法非常超前，这是山西永乐宫搬迁保护后又一项成功案例。由此，杨富斗先生开启了他毕生从事的戏曲考古事业（图六）。

　　1985 年 1 月，杨富斗先生接掌侯马工作站站长一职。丰富的工作阅历和实战经验，练就了他敢打硬仗、勇挑重担的责任担当。在他的主持下，1989 年 3 月侯马工作站的办公楼和文物库房楼完工启用，并陆续起建了职工宿舍、客房、锅炉房等配套设施，对侯马工作站原有建筑也进行了全面改造。经过多年努力，由他负责管理的侯马工作站像条理清楚的垄台，上面种植的庄稼郁郁葱葱，硕果累累，给人以丰收在望的感觉。1989 年底，他又在稷山马村和吴城村购置了 31 亩土地，建起围墙，开挖了 150 余米的参观通道，兴建了文物陈列室、办公室、食堂和宿舍，同时将清代建筑吴家祠堂和戏台搬迁到稷山马村，于是，其与稷山马村金墓、北宋崇宁四年仿木构砖雕墓等形成了"山西金元墓博物馆"（图七）。

　　1991 年 6 月，杨富斗先生又主持了永济蒲津渡遗址的考古

图七　杨富斗主持修
　　　建的马村金墓
　　　博物馆

图八　杨富斗主持发掘
　　　的蒲津渡遗址

发掘（图八），一座完整的唐代渡口遗址在他手中重见天日……

　　五十年来，侯马工作站在他和一代代的后继者薪火相传的辛勤耕耘下，取得了令人瞩目的辉煌成绩。基本上搞清了侯马晋国都城遗址的范围和主要内涵，发掘出土了大批珍贵文物，积累了丰富的第一手科学资料，编写并出版了《侯马盟书》《侯马铸铜遗址》《上马墓地》《侯马陶范艺术》《晋都新田》《侯马乔村墓地》等一批高质量的田野考古发掘报告，发表学术论文200 余篇（图九）。

图九　杨富斗（左）与苏秉琦（右）

图一〇　杨富斗与黄景略、楼宇栋在稷山县青
龙寺考察

侯马工作站为基点，文物保护和考古发掘工作辐射到了晋南全境，重要的有稷山金墓的保护、发掘、建设与开发；万荣庙前贾家崖墓地的文物抢救勘探发掘；曲村—天马等遗址的调查试掘；大运高速公路侯运段的文物抢救保护发掘；绛县横水西周墓地的发掘工作等。工作站还和全国许多单位建立了良好的合作关系，中国社会科学院考古研究所、国家博物馆等数十个国内知名的文物保护、考古研究单位都有专家参加了侯马地区的考古工作，北京大学、吉林大学、山东大学、厦门大学、山西大学等高校考古专业的师生也不断在这里实习或参加研究，从而使工作站的研究水平始终站在学科的前沿，在文物考古保护、资料积累、基地建设和人才培养等方面都做出了积极的贡献。这些成果的取得都浸满了与杨富斗先生一样为共和国文物事业默默奉献者的汗水，他们的功绩值得后人永远铭记（图一〇）。

二、执掌山西省考古研究所

1991年，60岁的杨富斗先生任山西省考古研究所所长。在他执掌省考古所期间，将山西省考古研究所的研究工作向前大大推进了一步。

刚刚上任伊始，他就到国家文物局、中国社会科学院考古研究所等单位，虚心请教如何办好考古所，下一步该如何发展。他很重视各位先生的建议，在诸多方面进行了大刀阔斧的改革。他认为山西的考古事业应该培养和依靠年轻人。当时山西省考古研究所聚集着一批北京大学、山西大学、西北大学的青年学者，这批年轻人思维开阔，学术功底扎实，朝气蓬勃，有理想、想做事，杨富斗先生顺应时代，大胆起用新人，不断地压担子给年轻人，活跃学术空气，营造学术氛围。在他任职期间，为山西省考古研究所培养了一批能够承接事业发展的骨干力量。同时，他积极筹备各类学术讨论会，先后举办了"丁村遗址发现 40 周年学术讨论会""丁村文化与晋文化国际学术研讨会"，这些会议在全国文博界引起了强烈的社会反响。面对长年积压下来的考古材料，进行了较为彻底地整理总结，并出版了多部报告和科研成果，先后出版了《山西考古四十年》、《三晋考古》（1—3 辑）、《汾河湾——山西省考古学会论文集》等 10 余部学术著作。杨富斗不仅工作效率很高，而且富有高超的领导艺术，从他开始，将所里的年终总结会开成了成果交流会，每到这时候，他拿出三天左右时间，将外地各路考古人员召集回来，大家汇报各自情况，通报相关信息，相互切磋学术，提醒点拨注意事项，下一年度的工作计划和安排就在这种交流当中渐渐清晰起来。最后，在热烈的聚餐中，一些日常积聚的误会也随之消解。就是这样，他用独特的考古人的做法，让员工同志们找到自己前进的方向和目标，轻装上阵，开始新的征程。

1995 年 8 月，65 岁的杨富斗先生调任省文物局主办的《文物季刊》担任主编。这份期刊的首任主编是张颔先生，继任主编是王建先生，副主编是张庆捷先生，最盛时编辑部成员有张中良、米武军、梁育军、翟少冬及我，拿王建主编的话讲："编辑部是省文物局学历最高的单位，这里是真正的'谈笑有鸿儒，往来无白丁'的地方。"杨富斗先生接替王建先生成为第三任主编。那时，张庆捷先生调任山西省考古研究所担任所长，我作为编辑部主任配合杨富斗先生开展工作。杨富斗先生工作的特点：一是善抓主要矛盾，创造性地开展工作；二是敢于抓大放

图一一　杨富斗与王季思、黄竹三参观马村金墓

小，突破条条框框。他上任伊始，就集中精力，将刊物的质量放在首要位置，为提高刊物的学术水平做了大量工作。他总结分析了全国同类刊物的特点，决定将期刊定位为山西第一手材料发布、学术前沿观点讨论和后起新人发声的阵地。一手材料发布重在强调稿件是第一手、未发表、价值较高的古人类、考古发现或古建筑勘察材料；学术前沿观点讨论要求是尽可能发表业界国内外热议的新思想、新论点；后起新人发声是要在《文物季刊》周围聚集起一批在学术上崭露头角、有发展、有后劲的中青年学者，增加对刊物的忠诚度。杨富斗先生利用他长年从事考古工作的八方人脉，亲自打电话、写信为期刊组稿，联络约见学者为刊物撰稿。同时，他用心发现新秀，培养新人，将一些年轻考古学者团结在刊物周围。在他的得当措施和勤勉工作下，《文物季刊》在短时间内打开了局面，学术质量得到显著提升，名头甚至超越了一些底子较厚、办刊时间较长的兄弟省份刊物，在全国文物考古界颇具影响力，学界誉之为"南有《东南文化》，北有《文物季刊》"（图一一）。

理顺了期刊上的事之后，杨富斗先生腾出手来，开始着手他眷念多年的平阳金墓的整理工作。1997年7月的一天，他将我叫到办公室，向我托出他要整理出版《平阳金墓砖雕》大型图录的计划，他并不计较我学识浅陋，邀我共同整理金墓材料。富斗先生总负责，并担当研究篇的撰写，梁子明先生负责摄影工作，我协助富斗先生重点写写砖雕部分和图录说明。记得那是1997年的夏天，我只要能腾开身，就断不了泡在富斗先生漪汾苑的家中，经常呈现的画面是：桌上、床上几乎铺满了测绘图、照片，他鼻梁上架着一副小窄边眼镜，右手拿着铅笔，左手轻摇着一把蒲扇，以一个老烟民的标配嗓音，给我介绍着金墓里出土花砖雕刻的内容。尽管以前也编过几篇金墓材料，但如此丰富多彩的"巡礼"真是可遇不可求。他用他多年的学术探索和深厚的积累，给我讲着金元时期晋南流行的二十四孝组合、八仙的演变，金代窗棂格扇、翎毛花卉之不同，砖雕戏曲人物、副净角色和社火表演在《东京梦华录》中的记载等。我们聊着说着，我听着记着，杨富斗先生的贤惠夫人——我们的张姨一会过来给削个苹果，一会儿过来给添点儿茶水。就这样，我沐浴着富斗先生和张姨那温厚的关爱，体会着老先生严谨拙朴、一丝不苟的治学气质，不知不觉中，已是夕阳西下。这个时候，张姨总是要留我吃饭，还经常要给变着花地加菜添酒，我也乐得陪老先生喝上两口，然后再起身回家。令我感动的是，每次老两口都要在窗户前一直目送我转过弯看不见了才关上窗户。整理工作进行了小半年，我帮着先生校对样稿、整理照片、编写目录，杨先生专门委托赵瑞民先生对文献进行了通校修正，山西人民出版社的刘文哲先生跑前跑后落实了出版经费，一直到1998年的上半年，这部凝结着富斗先生炙灼情怀的《平阳金墓砖雕》才算齐备。

但是，1998年的最后一个季节，《文物季刊》被更名为《文物世界》，富斗先生主持的《文物季刊》被调整了办刊方向。随之，杨富斗先生被免去了主编职务，这对一个视学术为生命的老人有着难以承受之痛。被免去主编一职后的四个月，从未发现过自己有冠心病的他，因冠心病突发而离开了人世，那一年他68岁。

中国考古学界给杨富斗先生的评价都非常高，富斗先生忠厚勤奋、磊落大度的工作作风一直是山西文博人的宝贵精神财富。正像他的老朋友——中国著名考古学家张忠培先生对他的评价：这是一位终身为推进考古学、考古及文物保护事业发展具有侠义心肠的战士。

杨富斗先生是我们永远敬重的老师，更是一名非常了不起的战士，先生故去已二十年了，天地虽是花开花落，但他那种为了文物事业奋斗终生、永不言败的战士精神将永远铭记在我们心间。

作者介绍

赵曙光

山西省文物局副局长。山西大学历史系考古专业毕业，先后就职于大同市云冈石窟研究院、太原市双塔文管所、文物季刊编辑部、文物世界杂志社和山西博物院。主要从事石窟考古研究、文物图书编辑、博物馆管理和文物管理。参与《文物季刊》的复刊及学术提升工作，为山西考古编辑出版《山西考古四十年》《三晋考古》《山西考古学会论文集》等学术著作十余部，编撰《中国文物地图集·山西分册》并担任副主编。撰有《龙王庙沟西侧古代遗址清理简报》《山西陵川西溪真泽二仙庙》《隋汾阳宫初考》等论文。

曲村考古杂忆

徐天进

> 每个人的一生中，总会有一些让你魂牵梦萦的地方，而之所以会如此，多半是因为那个地方在你人生的道路上曾经产生过重要的影响，并留下刻骨铭心的记忆。于我而言，山西省曲沃县的曲村镇便是这样的地方。
>
> ——徐天进

每个人的一生中，总会有一些让你魂牵梦萦的地方，而之所以会如此，多半是因为那个地方在你人生的道路上曾经产生过重要的影响，并留下刻骨铭心的记忆。于我而言，山西省曲沃县的曲村镇便是这样的地方。

说起曲村，我想绝大部分人压根儿可能就没听说过，当然也不会知道那是一处什么样的所在。在考古学家到来之前，这里就是一个非常普通的北方村落。直到 20 世纪 70 年代末开始，一系列的考古大发现之后，这里才开始有些名气，而所谓的名气也多半仍是在考古圈内，或学术界，因为考古学家在这里解开了晋国始封地之谜。

曲村，位于山西省的南部，属曲沃县管辖，西南距县城约 15 千米，好像是县城之外曲沃县最大的古镇，有一千户左右的人家。因为这里也是镇政府的所在地，所以村子的模样显得比一般的村落更气派一些。民居错落分布，村中有一条东西横贯的主街，街边有商店、医院、邮局、小饭馆。镇政府也在这条街上，居于村子中心的位置，这里原来是宋金时期的一座寺庙——大悲院，早些年尚存的献殿和东西厢房都被用做办公室了。据古建专家说，大悲院的建筑对于研究我国宋金时期建筑的结构法式具有很高的科学价值。所以被指定为全国重点文物保护单位。在20世纪八九十年代，村中的民房还存留不少清代、民国时期的建筑，有钱的大户人家多是磨砖对缝的高墙大院，房子也是有模有样，普通人家则是低矮的土墙瓦屋，村中街道基本是土路，雨天便泥泞不堪，每周还有两次市集，十里八乡的村民在这里出售农副产品，也采购日常所需的生活用品，不宽的街道也是摩肩接踵，很是热闹，充溢着古老的生活气息。近年来，随着新农村建设的大潮，曲村也变了模样，村口立起了高大的牌楼，街道铺上了柏油路，街边的商铺整齐划一，清一色的仿古建，像是临时搭建的影视拍摄基地，原有的古镇风貌已经所剩无几了。

曲村——这个山西的古老村庄，是我考古生涯真正开始的地方。在这里，我从一个考古专业的学生，变成了一个考古专业的教师。从1982年到1994年的十二年间，因为参加北京大学和山西省考古研究所的合作发掘，我大概在这里前后住了四年多时间。1994年以后也几乎每年都会回去，停留的时间或长或短。为什么？因为考古，因为北京大学在那里安了一个考古之家（图一）。

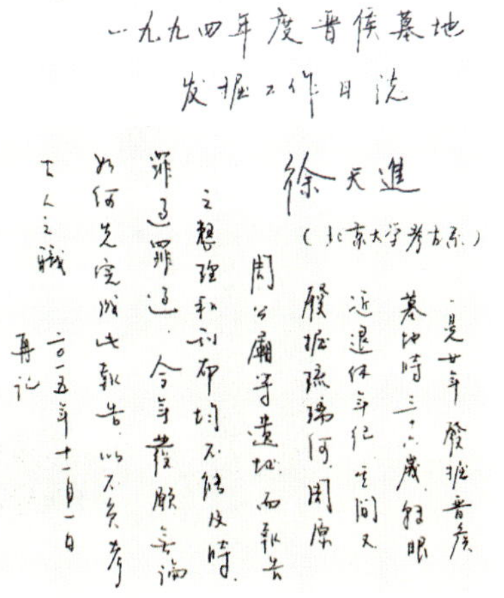
一九九四年度晉侯墓地
發掘工作日誌
徐天進
（北京大學考古系）
是廿年發掘晉侯墓地時三十六歲，轉眼近退休年紀，其間又發掘琉璃河、周原、周公廟等遺址，而報告之整理和刊布均不能及時，罪過罪過。今年發願無論如何先完成此報告，以不負考古人之職。
二〇一五年十一月一日
再記

图一　1994度晋侯墓地发掘工作日记

和曲村结缘，完全是因为所学的考古专业。1982年夏天，我从西北大学考古专业毕业后，有幸考入北京大学历史系，随邹衡先生继续学习商周考古。那年的下半年，刚好是邹先生带北大考古专业78、79级的本科生到曲村遗址进行田野考古实习。这也是北京大学和山西省考古研究所合作，在曲村遗址的第二次大规模的发掘（1980年下半年，77级考古专业的实习是第一次发掘）。先生考虑到我和另一位同时入学的王占奎（武汉大学考古专业毕业，同时考入邹衡先生门下）田野发掘的训练不够，需要进一步的强化训练，或者说是需要补课，所以就安排我们报到后直接去工地，再参加一个学期的田野考古实习。开学后，我们先到北大注册报到，再赶往曲村，比大部队稍微迟到了几天。这年参加发掘的带队老师加学生，近40人，从村东到村西，三两人一组，分散住在村民家中。这次的发掘规模是历年来最大的一次，揭露的面积达7000多平方米，除了大量的各类遗迹之外，还清理了不同时期的墓葬350多座。其中主要是西周时期的墓葬。那时盗墓的现象还没有出现，加上这个遗址历史上可能久已湮没无闻了，所以几千年来保存完好，没有一座墓葬被盗扰过。我们把发掘出土的青铜器等珍贵文物就存放在临时租住的老乡家里，没有防盗门，也不用保险柜，似乎没有担心过文物的安全问题，当然也从来没有丢失过文物。和今天戒备森严的发掘现场及严密的文物保管措施相比，似有天壤之别（图二）。

在曲村的半年时间，我经历了从发掘、调查，资料整理，再到编写发掘报告的全过程，因为发掘规模大，揭露遗迹多，出土遗物也十分的丰富。所以工作量自然也就大。那时的山西用电十分紧张，据说原因是山西发的电都送往北京了，所以经常是天一黑就停电，晚上只能用蜡烛照明。发掘日记、器物的测绘和发掘报告，多半都是在昏暗的烛光下完成的。通过这次实习，我才开始真正了解或理解了考古地层学和类型学的基本方法，对田野考古的重要性有了切身的体会。这次发掘，我的运气似乎也不错，挖了两座西周墓葬，都有青铜器随葬，这对第一次发掘西周遗址的我来讲，印象非常深刻。事隔30多年了，我还记得两座墓葬的编号，分别是M6121、M6130。当然也还

图二 1990年秋，和邹衡先生等在曲村考古工作站（自左至右：李维明、张辛、刘绪、邹衡、稻田耕一郎、徐天进、宋建）

图三 1994年夏，和邹衡先生在晋侯墓地93号墓发掘现场

记得铜器的组合、特征，等等。实习工作的最后一个环节是编写发掘报告，因为材料太多，在规定的时间内，不可能完成所有发掘内容的报告，所以要求本科生同学只需完成部分发掘区的内容即可，而邹先生则要求我们（研究生）写出完整的发掘报告，为完成实习任务，那个寒假基本没有休息。正是这种高强度的训练，奠定了我之后能够胜任田野考古工作的基础。从此，我才算是真正走上了考古的正途（图三）。

1988年，是我永世难忘的一年，也可以说是我的再生之年。

那一年下半年的田野考古实习，由同门大师兄刘绪和我一起带队，他负责遗址区，我负责墓葬区（师兄年长我十岁，是属于那种少有的好人，他的治学、待人、做事都是我学习的榜样）。在墓地发掘的过程中发生了一次重大的事故。查看当年的工作日记，还清楚地记着事发的时间是10月21日下午两点半左右。一座正在发掘的金元时期的墓葬（M6464）发生了严重的塌方，那时，我正从这座墓葬的竖穴墓道下去，准备给墓室的封门砖拍照记录，人尚未到底，就听到墓口上有人惊呼："徐老师，危险"！没容我有任何反应，墓壁就轰然垮塌了，我的身体瞬间被塌方的土所掩埋，随即失去了知觉。经过同学和民工们近20分钟的奋力抢救，才将我从墓坑中"发掘"出来，还好，一息尚存，捡回一条命。后来听同学们描述抢救的过程，真是有些惊心动魄，把有的同学也吓坏了。因为这次事故，让我对发掘现场安全的重要性有了几乎是付出生命的体验，自那以后，不论是在哪里发掘，都会格外注意安全问题，也再没有发生过类似的事故。之后我听人说，刘绪师兄当时曾和别人说，如果我要是抢救不过来的话，他就不干考古了。因为那年我们住一个宿舍，床对着床，中间隔一张桌子，每天都会面对面聊天。而事发那天，当他回到宿舍时，看到对面人去床空，可能触景伤情，才生出这样的想法。非常幸运，我没有死，他也坚持继续干考古了，并且成为一位杰出的考古学家。因为有了这次不同寻常的经历，我和86级的同学在师生之情外，还增加了生死之交的情谊。也因为这次意外的事故，让我和曲村有了别样的情感，留下了刻骨铭心的记忆。那一年，我30岁。

考古发掘的成果，在经过科学的整理之后，多会以发掘报告的形式出版发行，以提供给更多的学者使用。这也是考古研究最重要的一个环节。一部好的发掘报告，需要做到全面、客观、准确地反应发掘的内容。曲村—天马遗址1980至1989年间的发掘成果，于2000年由科学出版社正式刊行，8开，1000多页，共四卷。20年后的今天来看，依然还是一部少有的大型考古报告。报告的整理和编写从1989年开始整理，到正式出版，差不多花了10年的时间。发掘10年、整理10年，20年的时间就这样过去了。而这项旷日持久的工作，自始至终都是在邹衡先生的指导并亲力亲为下完成的。关于邹衡先生对晋文化考古的贡献，之前山西省考古研究所的吉琨璋先生曾在《约读》上有过很详尽的介绍，我就不再重复了，我这里只想再补充几点似乎微不足道而对我影响至深的小故事。

《天马—曲村》报告凝聚了恩师邹衡先生的大量心血，也是他毕生考古事业中最为重要的成果之一。先生在拟定报告的整体框架之后，根据田野工作的情况，分配给我们几个弟子承担不同章节的内容。其中两周墓葬的部分安排我负责墓葬形制和陶器的部分，而邹先生自己则承担了最复杂、最麻烦的铜器和其他小件器物的整理和编写任务。共641座墓葬，遗物中数量最大的是各种装饰品，报告中公布的玉、石珠8857颗，玉、石管珠1666颗，海贝9960枚（371座墓）。其中M6197一座墓，就出土了各种小珠子2153颗，这些珠子多大呢？直径在3毫米左右，而且有的已经破碎，邹先生反反复复不知数了多少遍，才有了准确到个位数的数据。那时邹先生已经60多岁了，而且还是高度近视，要点清这些数据并非易事。邹先生在曲村工作站二楼西侧的库房，独自一人伏案工作的场景，至今依然历历在目。正是因为有这样和先生共同工作的宝贵经历，让我对先生的学问之道有了深切的体会。求真、求实、严谨的治学精神，在这样看似简单的小事上得到了最充分的体现。

《天马—曲村》报告还有一个特点，就是报告中所有的器物图（尤其是陶器），几乎都是我们自己画的，而不是像通常的考古报告那样，多由技工来完成。邹先生要求我们每个人自己动手绘制所负责部分内容的遗迹和遗物图。我想，先生之所以有这样的要求，一方面是因为他觉得我们应该或必须掌握绘图技术，这是一个考古工作者应该具备的技能，另一方面则是希望我们通过绘图，可以更细致、深入地了解、认识器物的特征。当然还有一点很重要，那就是先生对我们的绘图水平和质量有基本的判断，也就是说，他认为我们画的图够格，可以发表（这一点，在先生给我的一封信中曾专门提到过）。我和上海博物馆的宋建先生（当时在北大随邹衡先生进修），绘制了1118件两周时期陶器的底图，另外，按先生的要求，我还对全部墓葬（641座）的平、剖面图和发掘记录及随葬品实物逐一核对、校改，全部清绘一遍。这样的工作在曲村工作站持续了近两年的时间。说实话，在当时，日复一日重复做同样的事情，也会觉得枯燥、乏味，甚至觉得是在浪费时间。但事后再回头看时，发现在我自己的考古生涯中，那段时间的工作经历实在是最可珍贵的，通过这样的工作所积累的经验使我受益至今（图四、图五）。

当我们参观山西博物院"晋国霸业"的展厅时，稍微留意一下就不难发现，几乎半数的展品出自晋侯墓地。

1992～2000年，是曲村遗址考古的第二个

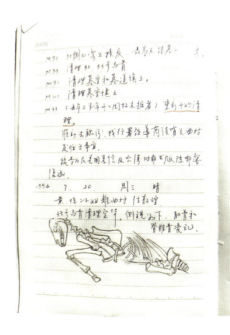

图四　1994年发掘日记

阶段。标志性的事件就是晋侯墓地的发现和发掘。这个阶段的工作由我的另一位恩师——北京大学考古文博学院的李伯谦先生负责。非常幸运，我也有机会参与了这次发掘工作。

晋侯墓地的发现是缘于盗墓。20世纪80年代后期开始，在山西（乃至全国）兴起了一股盗墓之风，而且愈演愈烈。直至今天似乎仍没有得到有效的遏制。过些日子，在太原会新开一家博物馆——山西青铜博物馆，其中相当部分的展品，即来自近年来公安机关打击盗墓犯罪收缴的文物，数量惊人。由此亦可见地下埋藏文化遗产被破坏的严重程度。山西是文物大省，地上、地下的文物资源都极其丰富。山西也是古代墓葬被盗的重灾区。

图五　2018年，在曲村考古工作站库房，36年前发掘时写的器物标签还在

曲村遗址晋侯墓地的发掘持续了八年的时间，共发掘了九组19座晋侯及晋侯夫人的墓葬。因为抢救还算及时，墓葬没有被完全破坏。其中10座保存完好，9座不同程度被盗掘。我参与了第一次（M1、M2）和第五次（M32、M91、M92、M93、M102）的发掘，在发掘的过程中，经历了许多的曲折和困难，可以说是一言难尽。而晋侯墓地之所以还能有10座墓葬没有再遭盗掘，邹衡和李伯谦两位先生起到了非常关键的作用。是他们不断地、想方设法地奔走呼吁，才引起从中央到地方各级政府部门的重视，并开始对盗墓犯罪活动展开严厉的打击，在一段时间内遏制了盗掘犯罪行为的蔓延。

晋侯墓地的发现和发掘，不仅是晋国考古的大发现，也是西周考古的大发现，更是中国考古的大发现。关于晋侯墓地的学术研究已经发表了许多重要的论著，归纳起来，其重要意义有以下几点：

（1）按司马迁《史记·晋世家》的记载，晋国的始封地在"唐"，但"唐"地究竟在哪里？自汉代以来便众说纷纭，有太原说、临汾说、翼城说、乡宁说、夏县说、霍县说，莫衷一是。

晋侯墓地的发现，为确认晋国始封地提供了最重要的证据。尽管此前邹衡先生已经提出"曲村—天马遗址"就是晋国始封之地的观点，但还没有如此过硬的证据。因为晋侯墓地的发现，晋国始封地的问题得以基本解决。

（2）根据出土铜器的铭文，并参照文献的记载，可以比较明确地肯定这九组19座墓葬应该是从晋侯燮父到晋文侯（最后一位晋侯是殇叔？还是文侯？尚可讨论）共九代晋侯及夫人的墓葬。这是迄今为止唯一的一处年代明确、世系清楚，贯穿西周早晚的墓地。因此，这批材料也是西周考古最重要的年代标尺。

（3）晋侯墓地的发现对研究当时的器用制度、埋葬制度，即所谓的礼制，也有着巨大的学术意义。

……

曲村的考古收获，是晋国考古最重要的成果之一。能够参与其中，是我莫大的荣幸。

曲村的考古还没有结束。还有许多问题有待考古学家们去继续探寻。如：

第一代晋侯，即唐叔虞的墓葬还没有发现，究竟会在哪里？

文献记载晋侯燮父由"唐"地迁至"晋"，若此，"唐"和"晋"似乎并不在同一地，那么，"唐"是否还在他处？

虽然现在多数学者认为曲村—天马遗址就是西周时期晋国的都城所在，但迄今为止，尚未找到和晋国贵族相关联的宫室建筑，也没有发现和都城相关的城墙类遗迹。所以，晋国都城的寻找和确认仍然是未来的田野考古需要格外关注的问题。

在晋侯墓地发掘结束之后，在曲村东南不远（相距4500米）的羊舌，发现了另一处晋侯墓地；在绛县的横水，发现了文献失载的倗国墓地；在曲村的东部，今天翼城县的大河口，发现了霸国墓地；在曲村的北部，襄汾县的陶寺村北，发现了东周时期晋国的墓地。这些接二连三的发现，令人目不暇接，不断刷新我们对古代山西的认识。那么，在"河汾之东，方百

图六 2019 年，徐天进
和学生在曲村考
古工作站

里"的范围内，这些不同的政治实体或族群，相互之间究竟有着这样的关系？

晋侯墓地自 1992 年开始发掘，不觉已经 27 年过去了，在遗址上建成的晋国博物馆也已经开放多年。而我自己承担的两座墓葬的正式发掘报告还没有完成，为此深感愧疚，这是我欠山西的一笔债，也是欠曲村的一笔债，希望能够尽快还清，以不负这片土地之恩（图六）。

我和山西的故事尚未结束。

作者介绍

徐天进

北京大学考古文博学院教授，博士生
导师。曾任教育部人文社会科学重点
研究基地——北京大学中国考古学研
究中心主任、北京大学公众考古与艺
术中心主任，山西博物院理事会副理
事长。主要从事田野考古、商周考古
研究。曾参与山西天马—曲村遗址、
晋侯墓地、北京房山琉璃河等遗址的
发掘，曾主持陕西周原、周公庙遗址
的发掘。主编《吉金铸国史》《宝鸡青
铜器博物馆藏商周青铜器》，撰写《天
马—曲村》西周墓葬部分及《晋侯墓
地的发现与研究现状》《周公庙遗址的
考古所获及所思》等论文。

三晋祥瑞　文明圣物
——晋侯鸟尊发掘记

孙庆伟

> 前事不忘后事之师。今天，当我们在博物馆注目欣赏晋侯鸟尊的时候，我们不仅是对美的追求，更要睹物见人，透物见史，要想见祖先创业之艰，要想见古老文明之盛，尤其是要想见文明保护与传承之责任。
>
> ——孙庆伟

　　每一个考古工作者都有自己的机缘，每一个考古工作者都有自己的故事。在我本人，能够多次参加曲村—天马遗址晋侯墓地的发掘，特别是从114号墓亲手清理出晋侯鸟尊，是我最为珍惜的一段机缘（图一）。

　　曲村—天马遗址位于曲沃和翼城两县的交界处，是一处文化内涵十分丰富的古遗址，特别以周代遗存最为重要。该遗址的考古工作始于20世纪70年代末，在邹衡教授的主持下，北京大学考古系和山西省考古研究所组成的曲村考古队在这里进行了多次大规模的发掘，主要目的就是要证明这里是早期晋都。发掘工作取得了丰硕成果，但苦于一直没有找到晋国的国君墓葬，大家都心有不甘。

　　曲村—天马遗址面积广大，保存完好，但从20世纪80年代开始出现了盗墓活动，此后愈演愈烈，对遗址造成了严重破坏。1991年冬，盗墓分子在遗址

图一　晋侯鸟尊（山西博物院藏）

中部的北赵村南进行了大规模的盗掘，据当地村民说，盗墓者"携带枪支武器"，气焰十分嚣张。1992年春，北大邹衡、刘绪和徐天进老师来曲村工作站整理往年发掘材料，听闻这些消息后，立刻赶到被盗现场。虽然盗坑已经回填，但地面上仍散落着大量木炭、铜锈和铜器碎片，可见被盗墓葬应该是大型积炭墓葬，等级很高。随后的抢救发掘证明，惨遭盗掘的这处墓地正是考古学家苦苦追寻的晋侯墓地。

我最早是1990年来曲村—天马遗址参加发掘的，当时我是大学三年级的本科生。根据北大考古系的教学计划，大三上学期要进行为时一个学期的田野考古实习，我们这一届同学被安排在曲村遗址进行实习，所以曲村是我真正开始考古工作的第一站。

1992年春，我已经是大四下学期了，马上就要毕业了。当时我已经被保送为北大考古系的研究生，导师是李伯谦先生，他当时是晋侯墓地发掘的领队，所以李老师就安排我再次来曲村，在刘绪和徐天进老师的带领下，参加了晋侯墓地第一次发掘工作。此后的一年多，我还先后参加了晋侯墓地的第二次和第三次发掘，在多座晋侯和晋侯夫人墓的发掘过程中承担了程度不等的工作，这是我极为宝贵的学习经历（图二）。

图二　孙庆伟与导师李伯谦

1996年，我硕士毕业留校任教，1999年开始在李伯谦老师指导下攻读在职博士学位。2000年9月初，曲沃县文物局局长孙永和打电话给李老师，告知他们接到曲沃县公安局的通报，有犯罪嫌疑人供认曾有一盗墓团伙于1998年春季在晋侯墓地范围内盗掘大型墓葬一座，从中盗出玉戈和编钟等重要文物。孙永和局长还说，曲沃县文物局已经组织人员在犯罪嫌疑人指认的地点进行了钻探，初步探出两座大墓，从规模和位置上判断这是又一组晋侯夫妇合葬墓。

2000年10月，北大考古系和山西省考古研究所组织人员对这组墓葬进行了发掘，我和山西考古所的商彤流老师作为两个单位的代表在工地上负责具体工作。和之前发掘的多组晋侯墓一样，这次发掘的两座墓葬也是东西并列，带有一条斜坡墓道的甲字形大墓。当我们把耕土层去除后，两座墓葬的墓口很清晰地露出来，其中东侧墓葬规模略小，但保存完整，西侧墓葬规模更大，但墓室中部被盗墓分子用炸药炸出了一个巨大的盗洞。我和商老师商量，请他负责没有被盗的东侧大墓，墓葬编号是M113；我负责被盗的西侧墓葬，编号是M114。

发掘工作从2000年10月12日一直持续到2001年1月15日，历时95天。虽然已经将近二十年了，但现在回想起来，当时的场景还历历在目。犹记得每天目睹被盗墓者炸出的大盗洞，真是揪心啊，特别是从盗洞里不停地清理出大量碎铜片、朱砂、玉石器和金箔等物，可以说几乎是绝望了，暗想这座大墓肯定被盗墓分子盗掘一空了。唯一的念想是，盗墓分子在洞口处用了几块木板和三合土块加以掩盖，于是我又自我安慰，心想既然盗墓者要费尽心机来伪装盗洞的洞口，这就说明墓里还有他们尚未来得及取出的器物。

12月初，清理工作进入到椁室阶段。M114的椁室是用很厚重的柏木块垒起来的，保存很好，其中数块甚至保留着原有的木料，我们在采集测年样品时要使用钢锯才能锯开，锯割时还散发出浓郁的柏木气息。清理完椁盖板，就进入椁室了。椁内放置有一具黑漆红彩的木棺，其中大部分被盗墓贼破坏了，仅脚端部分保存较好。

　　苍天有眼，就像我们所推测和希望的那样，椁室内还保留了不少劫余的随葬品，主要分布在椁室的北端。盗墓分子从椁室中部进入，然后顺着棺室向北掏进，所以放置在椁室正北的随葬品都被盗出，但东北和西北两角的器物尚存，何其幸也。这可不是盗墓贼心慈手软，而是要感谢北赵村村民，在盗掘的当晚，村民听见沉闷的爆炸声，知道又有人来炸墓，所以紧急出动把盗墓分子赶跑了。保护文物，人人有责，要为自发保护晋侯墓地的村民们点赞。

　　看见椁室内残留的两堆青铜器，我当时是喜忧参半。喜的是，这座晋侯墓还残留了不少文物，实在是不容易；而忧的是，由于盗墓分子采用了爆破的方法盗掘，这些原本已经十分脆弱的文物被爆炸力挤压得更加酥脆，发掘难度很大。当时已经是隆冬季节，雨雪交加，工作条件十分恶劣，要在现场完好地清理出这两堆青铜器显然是不现实了。在征得领队李伯谦先生的同意后，我们计划把这两堆器物整体打包取出，在室内进行清理，确保清理工作科学完整。

　　2000年12月23日和24日，整整用了两天时间，考古队的几位技工师傅们把这两堆青铜器整体打包取出。2001年1月15日零时，在曲沃县公安局刑侦三队杨殿魁队长及两名联防队员的护送下，装载着这两箱碎铜器的卡车驶离曲村工作站，我随车押送。之所以选择半夜三更悄悄出发，是担心不法分子起歹心，在路上搞破坏，由此可见当年环境之恶劣。经过约20小时的长途跋涉，当天晚上8时许，我们安全抵达北京大学赛克勒考古与艺术博物馆。这次押送文物之旅太令人难忘了，当时路上满是冰雪，车况又差，人坐在车内冻得瑟瑟发抖，我记得我回到家当晚就发烧了。

　　3天后，也就是2001年1月18日，我和学院文物保护专业的胡东波、杨宪伟两位老师开始开箱清理文物。在随后一年多时间内，胡东波和杨宪伟对这些器物进行了除锈、加固、拼对、修复等极其繁复的工作，付出了极大的心血，其间北大文物保护专业的部分研究生和本科生也参与协助工作。在 2002 年 7 月晋侯墓地国际学术讨论会在上海博物馆召开之前，两位老师已经修复了数件青铜器，其中就有这件原本已经碎成了一百多片的晋侯鸟尊。根据对鸟尊铭文的研究，它是第一代晋侯——晋侯燮父所做的宗庙用器，何等珍贵啊。这年 7 月，当晋侯鸟尊在上海博物馆第一次以完整面貌向世人亮相时，就以它完美的艺术造型和无与伦比的学术价值赢得了所有人的心（图三～图五）。

现在晋侯鸟尊已经是山西博物院当之无愧的镇馆之宝了。这

图三　114 号墓青铜器修复中

图四　孙庆伟手捧刚修复好的韦甂

真是一件艺术瑰宝、国之重宝啊，能够亲手把它发掘出来，这是我的荣幸，是我作为一个考古工作者的无上光荣。关于这件国宝的艺术和学术价值，很多学者包括我本人都写过很多文章，广大观众们也都比较了解了，我在这里就不赘述了。今天，作为发掘者，我谈一点强烈的内心感受吧，那就是我们对历史和文明要有敬畏之心啊。

我们都知道，晋国是两周时期最有影响力的大国，特别是春秋以后，晋文化就代表了周文化。以前苏秉琦先生曾经写过一首诗，其中说"汾河湾畔磬与鼓，夏商周及晋文公"，这实际上就是说晋文化是中国文化总根系里的直根系，在中国文

图五　孙庆伟手捧
叔虞方鼎

明史上占有特殊重要的地位。晋侯墓地的发掘，等于找到了晋文化的源泉和根脉，这是多么重要的发现和多么了不起的贡献啊。但很可惜，这样一处对山西历史文化、对中华文明有着重要价值的墓地居然屡遭盗掘，满目疮痍，令人何其痛心！我清楚地记得，在清理114号墓棺室的时候，墓主晋侯燮父原本完好的尸骨被盗掘者破坏殆尽，仅存两节粗壮的腿骨。我看着真是痛心啊，这可是第一代晋侯的遗骸啊，看着他粗壮的腿骨，我仿佛看见了他开疆拓土的雄才大略，这是为山西奠基的开国君主啊。没有晋侯燮父的筚路蓝缕和艰苦卓绝，哪有今天的山西，哪有今天这个"晋"字啊？这样一位应该永远纪念和景仰的开国之君，他的墓葬居然被不肖子孙所盗掘，他的尸骨居然被不肖子孙所扬弃，天理何在？天良何在？那些疯狂盗掘晋侯墓葬的犯罪分子，愧对祖先啊。

前事不忘后事之师。今天，当我们在博物馆注目欣赏晋侯鸟尊的时候，我们不仅是对美的追求，更要睹物见人，透物见史，要想见祖先创业之艰，要想见古老文明之盛，尤其是要想见文明保护与传承之责任。

愿晋侯鸟尊成为三晋大地永远的祥瑞，文明之圣物。

作者介绍

孙庆伟

北京大学考古文博学院教授、
院长。主要从事夏商周考古研
究和教学工作,多次参加山西
晋侯墓地、陕西周原和周公庙
遗址的发掘。出版《周代用玉
制度研究》《追迹三代》《最雅
的中国——春秋时代的社会与
文化》《鼏宅禹迹——夏代信史
的考古学重建》等专著。

后记

　　"晋魂"是山西博物院的基本陈列，2005年向公众开放之后，得到了文博专家和公众的普遍好评，荣获了年度"全国博物馆十大精品陈列"，成为山西文化的知名品牌。

　　"晋魂"基本陈列为参观者提供了系统的展品和图文解读，但囿于展厅的有限空间，依然满足不了观众的个性化需求。如何为公众提供更多的博物馆知识、讲述更多的文物背后的故事，是公众服务部同事们经常思考和讨论的话题。微博、微信等新媒体技术的发明与普及，使"晋魂"展览的文化传播如虎添翼，继而让这些公众愿望的实现成为可能。根据展览主题和内容，博物馆人可以为观众提供展览空间无法容纳的、展品背后更多的知识和信息。

　　2016年，公众服务部规划了"约读·晋魂"课题，将陆续为公众提供"晋魂"基本陈列的系统知识和有趣的故事。第一辑确定为"考古人系列"，邀请资深考古人讲述与"晋魂"重要展览内容相关的考古项目与主持人的故事。2017年项目正式启动，至今已推送了24期，感动了很多观众和听众，也感动了我们自己，引起了社会公众的积极反响，同时也得到了国内博物馆专家和同行们的鼓励与肯定。

　　石金鸣、尤玉柱、王益人、薛新明、王晓毅、何驽、海金乐、吉琨璋、张崇宁、谢尧亭、常一民、渠传福、张志忠、裴静蓉、赵曙光、宁立新、宋艳花、孙庆伟、徐天进等老师们先后应邀做了精彩的讲述，我们对他们的博物馆情怀与文化担当，深表敬意和感谢。

"约读·晋魂"之"考古人系列"由山西博物院公众服务部实施，李平主持，安放琪负责项目的整体协调工作，卢文雨负责录音及音频剪辑，金佳悦、成志芳负责文稿审核、编辑和推送，温晓苗负责约读老师的联络工作。本书根据约读老师们的录音稿整理而成，谨此为山西博物院百年华诞送上一份公众服务部的祝福。

石金鸣老院长曾给予本项目多次的鼓励，张元成院长给了很多的支持和关心，并为本书撰写了序言，文物信息中心负责了微信平台技术推送，发展部负责安排了本书出版事宜，在此一并致谢。

编　者

2019 年 8 月